ON NE PEUT PAS
TOUT DIRE

SÉBASTIEN
FONTENELLE

ON NE PEUT PAS
TOUT DIRE

Petit éloge de la «censure»

Michel Lafon

118, avenue Achille-Peretti – CS 70024
92521 Neuilly-sur-Seine Cedex
www.michel-lafon.com

Une tolérance illimitée a pour conséquence fatale la disparition de la tolérance. Si l'on est d'une tolérance absolue, même envers les intolérants, et qu'on ne défend pas la société tolérante contre leurs assauts, les tolérants seront anéantis, et avec eux la tolérance. Je ne veux pas dire par là qu'il faille toujours empêcher l'expression de théories intolérantes. Tant qu'il est possible de les contrer par des arguments logiques et de les contenir avec l'aide de l'opinion publique, on aurait tort de les interdire. Mais il faut revendiquer le droit de le faire, même par la force si cela devient nécessaire, car il se peut fort bien que les tenants de ces théories se refusent à toute discussion logique et ne répondent aux arguments que par la violence. Il faudrait alors considérer que, ce faisant, ils se placent hors la loi et que l'incitation à l'intolérance est criminelle, au même titre que l'incitation au meurtre, par exemple.

Karl Popper
La Société ouverte et ses ennemis, Seuil, 1979.

Introduction

Le débat public est, en France, d'une rare cruauté.

Depuis des années, plus un jour ou presque ne s'écoule sans que des boutefeux ne lancent des anathèmes contre des cibles triées, appartenant pour la plupart à des groupes ou minorités qui, tous, sont déjà chargés d'une longue histoire de souffrances et d'humiliations. Ces vociférations tombent parfois sous le coup de la loi. Mais même lorsqu'il arrive qu'elles soient sanctionnées par une condamnation, leurs auteurs continuent de jouir d'un prestige intact auprès de leurs pairs, de leurs publics et de leurs employeurs, et peuvent par conséquent continuer, le plus tranquillement du monde, à se répandre publiquement en invectives. Le cas le plus symptomatique est celui du journaliste Éric Zemmour, qui a déjà été condamné deux fois pour provocation publique à la haine raciale ou religieuse – et qui fait l'objet de nouvelles poursuites aux jours où ces lignes sont écrites –, mais qui a tout de même continué à bénéficier d'une faveur et d'une ferveur médiatiques sans pareilles.

Une telle impunité, professionnelle et sociale, n'est bien sûr pas indifférente : elle démontre que beaucoup d'horreurs peuvent aujourd'hui être dites publiquement.

Pourtant, ces mêmes boutefeux, qui disposent donc d'un droit presque illimité de stigmatiser autrui, ressassent cette curieuse antienne : « On ne peut plus rien dire. » Car des minorités de gauche agissantes et « bien-pensantes » imposeraient partout la proscription de certaines idées, de certaines opinions, de certains propos. Au début des années 2020, les adeptes de cette théorie ont même trouvé aux États-Unis, pour cette prétendue censure, une nouvelle appellation : ils parlent désormais de « *cancel culture* ». Soit, puisque telle est la traduction littérale de cette expression, une « culture de l'annulation » consistant à réduire au silence les voix dissonantes et à excommunier toute dissidence, qui serait elle-même, affirment-ils, un sous-produit de ce qu'ils appellent – décidément friands de ces idiotismes anglo-américains – « l'idéologie *woke* ».

Ses contempteurs soutiennent désormais que cette soi-disant doctrine, prétendument portée par le « décolonialisme », par l'« écologisme », par « l'islamo-gauchisme » et par le « néoféminisme », est une « tyrannie » farouchement opposée à toute forme de débat ou de discussion, qui muselle des intelligences et ruine des existences par des campagnes haineuses. Elle « menace nos libertés » et prépare, assurent ces alarmistes, l'avènement d'un « monde terrible » : celui des « nouveaux censeurs ».

Les dénonciateurs de cette censure imaginaire sont des personnalités installées, en vérité peu nombreuses mais hégémoniques dans la presse et les médias. Depuis plusieurs décennies, elles usent de cette influence sur l'opinion pour banaliser dans le débat public leur dialectique réactionnaire. Non sans succès, puisque leur credo s'est imposé presque partout.

Leurs cibles principales sont les victimes du racisme et du sexisme, les militants qui dénoncent ces discriminations, mais aussi les jeunes activistes qui protestent par exemple contre l'inertie de leurs aînés face au dérèglement climatique : ces accusateurs s'attaquent donc à des gens qui ont en commun d'avoir été longtemps tenus à l'écart des lieux de pouvoir, médiatiques notamment, où se construit la pensée dominante.

Depuis quelques années, cependant, de nouveaux moyens de communication échappent très largement au contrôle de ces idéologues : ce sont principalement les réseaux sociaux, où ceux qui ne disposent pas d'un accès garanti aux médias hégémoniques peuvent désormais, d'une part, répondre et riposter à leurs dénigreurs (déconstruire leurs attaques, questionner leur autorité et contester leur emprise sur le débat public), et, d'autre part, organiser de nouvelles mobilisations qui peuvent s'avérer redoutablement efficaces, et dont l'ampleur ne peut plus être ignorée. Dont il n'est par conséquent plus possible de ne tenir aucun compte, et dont l'effet peut se révéler spectaculaire.

Ces nouveautés ne sont pas bien sûr du goût des anciens maîtres dont la domination se trouve ainsi contestée : depuis qu'ils sont publiquement confrontés à des contradicteurs dont il n'est plus possible d'étouffer la voix et à des protestations dont les dimensions peuvent désormais devenir planétaires – comme l'ont montré le mouvement #MeToo et le succès des grèves pour le climat initiées par la lycéenne suédoise Greta Thunberg –, ils redoublent donc d'ardeur dans la réduction de toute remise en cause de leurs dogmes à une prétendue « censure ».

Ce bouleversement a quelques vertus : il révèle, par exemple, que ces idéologistes ont eux-mêmes longtemps pratiqué, dans la tranquillité d'un entre-soi où ne pouvait entrer nul intrus et au sein duquel ils poursuivaient le facile échange de vues à peu près identiques, une occultation systématique de tout ce qui n'était pas d'eux. C'est-à-dire, précisément, quelque chose qui pourrait ressembler d'assez près à de la censure.

Ils continuent d'ailleurs à ostraciser, mais aussi à calomnier, par des campagnes d'une virulence d'autant plus impressionnante qu'elles sont parfois relayées jusqu'au plus haut sommet de l'État français, quiconque va contre leurs édits. Ils y mettent même d'autant plus de hargne que ces bannissements et harcèlements s'effectuent désormais sous le couvert propice et quelque peu orwellien de leurs bruyants appels à défendre « nos libertés », menacées, expliquent-ils, par la libre expression d'opinions dommageables à leurs commandements.

Autre évidence : ce que ces truqueurs présentent aujourd'hui comme une censure est en réalité la critique pacifique de leurs dogmes et de leurs injonctions. Ou, pour le dire autrement, le libre exercice, consubstantiel à la liberté d'expression, d'un droit de ne pas être d'accord avec eux.

Il s'agit donc aussi d'une demande, éthique et politique, de rééquilibrage d'un débat public qui a été, au fil du temps, presque intégralement confisqué par une droite réactionnaire qui dispose même désormais de chaînes de télévision dédiées à ses obsessions, et dans lequel la profération d'opinions venimeuses est ainsi devenue la norme.

Car la contestation de cette norme est aussi le rappel, ô combien nécessaire, que certains discours de haine, même lorsqu'ils ne tombent pas directement sous le coup de la loi, ne peuvent pas être tenus impunément sans être au moins réfutés.

On l'aura compris : c'est une double exigence démocratique qui est ici en jeu. Celle, d'abord, de la nécessaire et pleine participation au débat public de ceux qui en ont si longtemps été exclus et qui ont si longtemps été attaqués sans jamais se voir offrir ne serait-ce que la possibilité de pouvoir se défendre. Et celle d'une pacification de ce débat, d'où les anathèmes brutaux et les provocations à la discrimination, à la haine ou à la violence devraient être enfin bannis. Car de fait, nos libertés n'incluent nullement celle de blesser ou de meurtrir autrui pour mieux imposer ses propres vues. Et de fait encore, on ne peut pas tout dire : l'oublier peut encore mener au pire.

Dans les pages qui suivent, nous verrons d'abord que le débat public a été rythmé, en France, pendant plusieurs décennies, par des propos discriminatoires visant des individus ou des groupes qui n'avaient pas les moyens de répondre à ces attaques brutales.

Nous verrons que ces violences verbales, systématiquement présentées comme relevant du plein exercice de la liberté d'expression, ont ainsi été banalisées.

Nous verrons que, dans un complet retournement de la réalité, ce sont les dénonciations de ces discours de haine – facilitées par l'apparition de nouveaux médias et des réseaux sociaux – qui sont désormais présentées comme intolérables et liberticides.

Nous verrons enfin que cette normalisation de la cruauté a permis l'installation, dans le paysage médiatique et politique, d'une démagogie réactionnaire devenue prépondérante, qui prospère dans l'excitation de l'animosité, de la malveillance et du ressentiment – et contre laquelle il convient de réhabiliter enfin l'attention portée à autrui, la bienveillance, et le respect des différences.

Le « censuré » omniprésent

Dans les premiers mois de l'année 2021, le journaliste Éric Zemmour se découvre un destin politique. La rumeur de sa probable candidature à l'élection présidentielle se répand alors. Il se garde évidemment de la démentir. Mais il ne la confirme pas davantage. Car il dispose alors de plusieurs tribunes qui lui permettent d'occuper en permanence le terrain médiatique. À la télévision, il anime, quatre soirs par semaine, une émission sur CNews, chaîne du groupe Bolloré, et coprésente un talk-show hebdomadaire sur une autre chaîne, Paris Première. En outre, il confectionne, toutes les semaines, une chronique pour son plus ancien employeur : *Le Figaro*.

Et bien sûr, s'il se déclarait officiellement candidat, il ne serait plus considéré comme journaliste, mais bien comme le politicien qu'il est devenu. De sorte que son temps de parole médiatique serait décompté par le Conseil supérieur de l'audiovisuel (CSA), instance chargée de protéger le pluralisme à la radio et à la télévision.

Plutôt que d'assumer pleinement sa candidature, l'aspirant président délègue donc à des affidés le soin de la préparer. L'un d'eux, qui deviendra six mois plus tard le directeur adjoint de sa campagne, proclame ainsi, dans un tweet daté du 27 juin 2021 : « [La] campagne [d'Éric Zemmour] se construit à partir de ce soir. »

Le CSA, compréhensif, reste d'abord plusieurs semaines sans réagir à cette situation étonnante, qui permet donc à un prétendant à l'Élysée omniprésent dans la presse et les médias de continuer à faire comme s'il ne nourrissait aucune ambition présidentielle. Mais l'instance de régulation de l'audiovisuel se décide finalement à considérer, au tout début du mois de septembre suivant, que l'intéressé « [peut] être regardé dorénavant, tant par ses prises de position et ses actions que par les commentaires auxquels elles donnent lieu, comme un acteur du débat politique national », et demande aux deux chaînes de télévision qui l'emploient de décompter son temps de parole[1].

Immédiatement, Zemmour, dénonçant une atteinte « au pluralisme », se présente sur Twitter en victime de la censure. Ce n'est pas surprenant : nous verrons que cette posture est chez lui d'un usage ancien. Mais cela est faux, et mensonger. Car dans la réalité, il n'est bien sûr pas censuré. Il se trouve simplement et très normalement soumis, après son entrée en politique, aux mêmes règles garantissant le « respect de l'expression pluraliste des courants de pensée et d'opinion à la télévision et à la radio » que n'importe quel autre politicien. Mais à la différence des autres, nous le verrons aussi, il bénéficie alors d'une faveur médiatique sans pareille. Loin d'être empêché de s'exprimer, il est, tout au contraire, sans cesse sollicité par ses ex-confrères et consœurs de la presse et des médias, qui lui offrent donc toujours plus de nouvelles tribunes.

---

1. « Le CSA demande aux médias audiovisuels de décompter les interventions de M. Éric Zemmour portant sur le débat politique national », communiqué de presse du 8 septembre 2021.

Zemmour profère par conséquent une contrevérité lorsqu'il prétend être censuré. Et par ce mensonge, il s'inscrit dans la déjà longue tradition d'une droite française qui, depuis plusieurs années, psalmodie qu'« on ne peut plus rien dire », mais qui dans les faits s'autorise au contraire les pires proférations.

Pour le vérifier, il faut d'abord remonter le temps jusqu'à la toute fin du siècle dernier. Et redécouvrir ce qui s'est effectivement dit en France pendant deux décennies, pour faire l'éloge, par exemple, d'un prédateur. Ou pour stigmatiser, non plus seulement les classes populaires traditionnellement méprisées par les élites médiatiques et politiques, mais aussi les femmes et les minorités ethnoraciales et religieuses.

« Gaby le magnifique »

En 1993, Jean d'Ormesson, de l'Académie française, ancien directeur du *Figaro*, acclame dans l'hebdomadaire *Le Point* la publication par la prestigieuse maison Gallimard d'un nouveau tome du *Journal intime* de l'écrivain pédophile Gabriel Matzneff, dans lequel celui-ci poursuit, explique son admirateur, « l'histoire de la passion – des passions – d'un quinquagénaire émoustillé par les jeunes filles en fleur »[1].

L'académicien, entre deux plaisanteries portant par exemple sur les retards d'une mineure avec laquelle l'écrivain a rendez-vous mais qui est « retenue à l'école ou par une mère

1. « Bonheurs et malheurs d'un don Juan converti », par Jean d'Ormesson, *Le Point*, 13 novembre 1993.

vieux jeu », s'extasie : « C'est un hamburger de corps empilés l'un sur l'autre. » Décidément, Ormesson est conquis par ce récit de « la passion d'un quinquagénaire, excité par l'ombre de la Brigade des mineurs, pour une collégienne de 14 ans, en quatrième peut-être ? »

D'où cette ovation : « Matzneff brille d'abord par l'amour du plaisir. [...] Il est libre, il est charmant, c'est un disciple savant d'Épicure. On lui serre la main. » Puis cette conclusion : « Il est le chantre des moins de quinze ans et de la francophonie réunis. »

Cette extraordinaire complaisance va perdurer pendant près de vingt ans, durant lesquels la presse de droite n'aura de cesse d'acclamer, à l'instar du *Figaro*, « Gaby le magnifique »[1], de célébrer, comme *Valeurs actuelles*, l'admirable audace de cet « esprit libre »[2], et de louanger, comme *Le Point*, qui lui confiera même une chronique hebdomadaire, cet « amant de jeunes filles précoces », présenté en 2009 par le journaliste Claude Imbert,

1. « "Gaby le magnifique" : un écrivain classique mais vivant », Yann Moix, *Le Figaro*, 7 février 2013.
2. « "Vous avez dit métèque ?", de Gabriel Matzneff », Pol Vandromme, *Valeurs actuelles*, 5 novembre 2008.

fondateur du magazine, comme la « victime [...] d'un ostracisme absurde ».

On peut donc, dans la France de la toute fin des années 1990, faire publiquement l'éloge d'un écrivain pédophile, et applaudir frénétiquement au récit détaillé de ses prédations que lui-même fait dans ses livres. On peut décréter dans un spectaculaire renversement de la réalité que ce personnage est une « victime », mais ne pas dire un mot de ce qu'endurent ses proies.

Il est vrai qu'en même temps qu'ils demandent pour lui plus de compassion et de compréhension et moins d'« ostracisme », les thuriféraires de Gabriel Matzneff réclament aussi pour eux-mêmes un droit de dire, par exemple, l'aversion ou les inquiétudes que leur inspirent certaines minorités ethnoraciales ou religieuses. Il y a donc là quelque chose comme l'ébauche d'un système, dans lequel les victimes d'agressions bien réelles, qu'elles soient physiques ou verbales, sont méthodiquement ignorées ou escamotées, cependant que les auteurs de ces attaques sont, quant à eux, sérieusement victimisés.

Pour le vérifier, continuons notre détour

par le passé, à la rencontre des inventeurs de la rhétorique de la censure.

« Un racisme largement imaginaire »

Au mois d'avril 2000, les éditions Fayard publient à Paris *La Campagne de France*, neuvième tome des journaux annuels de l'écrivain Renaud Camus, qui porte sur l'année 1994. Douze mois pendant lesquels cet auteur a, semble-t-il, beaucoup écouté la radio, puisqu'il écrit – sans expliquer comment il les a identifiés comme tels – qu'à son avis, les « collaborateurs juifs du *Panorama* de France Culture[1] exagèrent un peu tout de même ». Car, précise-t-il, « ils sont à peu près quatre sur cinq à chaque émission, ou quatre sur six ou cinq sur sept, ce qui, sur un poste national ou presque officiel, constitue une nette surreprésentation

1. Cette mythique émission quotidienne, créée en 1968, disparaîtra trente ans plus tard.

d'un groupe ethnique ou religieux donné ».

Dans le même livre, Camus assure également qu'il n'est « pas antisémite ». Peine perdue : ses propos, qui renvoient de fait au stéréotype raciste, largement répandu à l'extrême droite, selon lequel les Juifs auraient trop de pouvoir dans les médias, soulèvent une assez vive émotion. Laure Adler, alors directrice de France Culture, jugeant par exemple qu'ils « incitent à la haine raciale ».

Mais l'écrivain, qui ne sera jamais poursuivi pour ces profération, trouve d'ardents défenseurs. Le philosophe médiatique et futur académicien Alain Finkielkraut, qui le tient pour un auteur « singulier et rare » et se présente régulièrement comme son « ami », se précipite, parmi d'autres, à son secours. D'après lui, Camus n'est pas antisémite, et « ceux qui ont cru faire acte de résistance en dénonçant dans [sa] prose le rugissement de la bête immonde » ont par conséquent fustigé, assure-t-il dans *Le Figaro*, « un racisme largement imaginaire »[1].

Quelques jours plus tard, le philosophe, très investi dans la défense de son ami, précise sa

1. Sébastien Fontenelle, *Les Empoisonneurs. Antisémitisme, islamophobie, xénophobie*, Lux, 2020.

pensée dans une tribune publiée par *Le Monde*. Selon lui, Camus, lorsqu'il a déploré que les Juifs soient si nombreux sur France Culture à certaines heures, a simplement « fait le pari dangereux mais légitime de s'interroger, la plume à la main, sur lui-même comme sur le monde, sans précaution ni censure »[1].

Pour Alain Finkielkraut, qui présente donc ce décompte comme un refus de se plier à une censure, ce n'est par conséquent pas le fait de compter les « collaborateurs juifs d'un poste national » pour déplorer qu'ils soient en nette surreprésentation qui est problématique. C'est plutôt la dénonciation de ce comptage qui est condamnable, puisqu'elle revient selon cet étonnant philosophe à imputer « un racisme largement imaginaire » à un auteur qui doit donc être considéré, après qu'il s'en est pris à des Juifs, comme une victime.

Par la suite, Renaud Camus « popularis[era] à l'extrême droite »[2] la fantasmagorie du « grand remplacement », selon laquelle la population blanche européenne est peu à peu remplacée

---

1. « La France grégaire », Alain Finkielkraut, *Le Monde*, 6 juin 2000.
2. « L'écrivain Renaud Camus poursuivi pour injure raciale », Franck Johannès, *Le Monde*, 26 novembre 2020.

par des immigrés, et il sera condamné pour provocation à la haine contre les musulmans. Mais il pourra toujours compter sur l'amitié inentamée d'Alain Finkielkraut.

« Un peu islamophobe »

Au fil des ans, l'expression publique de certaines aversions et de certaines défiances à l'égard de minorités déjà victimes de discriminations va encore se banaliser. Tout semble dès lors pouvoir être dit, sans plus aucune retenue, et d'autant plus librement que les cibles de ces brutalités verbales, dont la parole, lorsqu'elle est admise, reste étroitement limitée et encadrée, ne disposent pas des mêmes moyens – médiatiques, notamment – que leurs adversaires, et ne peuvent donc pas se défendre efficacement contre leurs attaques.

Au mois d'octobre 2003, le journaliste Claude Imbert, fondateur et directeur de l'hebdomadaire de droite *Le Point*, déclare dans le cours d'une émission de télévision à laquelle il participe toutes les semaines : « Je suis un peu islamophobe, ça ne me gêne pas de le dire. J'ai le droit de penser que l'islam – je dis bien l'islam, je ne parle même pas des islamistes – apporte une certaine débilité qui, en effet, me rend islamophobe. »[1] Il a effectivement le droit de le penser : personne, contrairement à ce qu'il suggère lorsqu'il mentionne cette évidence, ne le lui conteste.

Et il sait parfaitement, ne serait-ce que parce qu'il est un éminent représentant de la petite coterie médiatique qui œuvre à la facilitation de ces proclamations, qu'il peut également exprimer publiquement l'aversion que lui inspirent donc la religion musulmane et ce qu'il appelle sa « débilité ». Cela, de fait, dans une époque où cette stigmatisation est devenue une discipline journalistique à part entière, ne suscitera guère que de timides protestations, et ne nuira donc nullement à la poursuite de sa longue carrière de commentateur de l'actualité.

Fort de cette certitude – et de cette impunité –, Claude Imbert double sa déclaration télévisuelle d'un éditorial, publié par

1. Propos extraits du débat hebdomadaire avec Jacques Julliard sur LCI, 24 octobre 2003.

Le Point, dans lequel il soutient que l'islamophobie « ne mérite en rien d'être ostracisée ». Il n'est du reste pas seul au sein de sa profession à considérer que tout peut donc être dit sur la religion musulmane. Et cette conviction transcende les clivages politiques, réels ou supposés.

C'est ainsi que Jean Daniel, cofondateur du *Nouvel Observateur*, publication censément de gauche, peut quant à lui confesser, dans un éditorial paru en 2004, que son « désenchantement actuel, c'est de voir ce que devient la France », puis « avoue[r] sa tristesse de ne plus reconnaître son pays, où, prévoit-il, chaque clocher sera « dans peu de temps [...] entouré par deux minarets »[1] : soit une prédiction qui annonce, avec quelques années d'avance, les futures élucubrations des dénonciateurs du « grand remplacement », cette fantasmagorie selon laquelle les immigrés musulmans, aidés par des élites complices, seraient en passe de surpasser numériquement les Français « de souche », et dont le principal théoricien sera, au début des années 2010, l'écrivain Renaud Camus – celui-là même qui déplorait en 2000

1. *Le Nouvel Observateur*, 4 novembre 2004.

que les « collaborateurs juifs » d'une émission de France Culture fussent si nombreux.

Il faut y insister : de tels propos, s'ils provoquent parfois un émoi au sein de la gauche antiraciste, ne valent jamais la moindre sanction à leurs auteurs, qui continuent tout au contraire à jouir au sein de leur corporation d'une admirative complaisance et d'un constant soutien. Car dès ce moment-là, l'islamophobie, que la Commission nationale consultative des droits de l'homme définit comme une « attitude d'hostilité systématique envers les musulmans, les personnes perçues comme telles et/ou envers l'islam », est considérée comme une opinion tout à fait acceptable – et tout à fait dicible.

Ricanements

En 2005, cinq ans après avoir pris, on se le rappelle, le parti de son ami Renaud Camus, Alain Finkielkraut, peut-être inspiré par le comptage de « collaborateurs juifs d'un poste national » auquel s'était livré ce compère, déclare, dans un entretien avec deux journalistes du quotidien israélien *Haaretz*, que l'équipe de France de football est devenue « black, black, black » – comprendre qu'elle serait exclusivement composée de joueurs noirs –, et que cela, qui est donc de son point de vue du dernier ridicule, « provoque des ricanements dans toute l'Europe ».

Il ajoute, comme s'il était conscient de la nocuité de ses propos : « Si on fait une telle remarque en France, on va en prison, mais c'est quand même intéressant que l'équipe de France de football soit composée presque uniquement de joueurs noirs. »[1] La première partie de cette proposition est fausse : en France, personne ne va en prison pour avoir fait une telle remarque, et Finkielkraut lui-même ne sera pas bien sûr incarcéré pour avoir formulé ce commentaire.

Ses propos, rapportés par *Le Monde*, soulèvent certes une certaine indignation au sein de la gauche antiraciste, mais il reçoit immédiatement le plein soutien de la presse et des médias, qui lui offrent, pour contredire ses rares contradicteurs, comme le constate l'association Acrimed, qui milite pour une « critique indépendante, radicale et intransigeante » des médias, un « droit de réponse illimité ». Il en profite pour assurer qu'il a seulement voulu faire une amusante plaisanterie, dont il semble être assez seul, et pour cause, à considérer qu'elle pourrait être divertissante. Il est également secouru par quelques amis sûrs, tel l'essayiste Pascal Bruckner, qui le portraiture en toute simplicité en victime de « la tyrannie de minorités totalitaires porteuses

1. Propos rapportés dans « Les gros mots d'un philosophe », par Robert Solé, *Le Monde*, 3 décembre 2005.

d'un antisémitisme abject et d'une intolérance repeinte aux couleurs du progressisme » – mais à qui personne ne reproche, lorsqu'il formule ces accusations extravagantes et présente donc Finkielkraut comme une victime de l'antisémitisme, d'invoquer « un racisme largement imaginaire ». *Last but not least*, le ministre de l'Intérieur de l'époque, Nicolas Sarkozy, futur président de la République française, se fend lui aussi d'un message de soutien au philosophe, qu'il présente comme « un intellectuel qui fait honneur à l'intelligence française », et comme une victime des « bien-pensants ».

« Des lois qui auraient pu être imaginées par Staline »

Au même moment, l'historienne Hélène Carrère d'Encausse, secrétaire perpétuelle de l'Académie française[1], livre quant à elle à des journalistes russes ce point de vue délicatement contrasté sur les banlieues françaises : « Ces gens, ils viennent directement de leurs villages africains. Or, la ville de Paris et les autres villes d'Europe, ce ne sont pas des villages africains. Par exemple, tout le monde s'étonne : pourquoi les enfants africains sont dans la rue, et pas à l'école ? Pourquoi leurs parents ne peuvent pas acheter un appartement ? C'est clair, pourquoi : beaucoup de ces Africains, je vous le

1. Où Finkielkraut sera élu dix ans plus tard.

dis, sont polygames. Dans un appartement, il y a trois ou quatre femmes et vingt-cinq enfants. Ils sont tellement bondés que ce ne sont plus des appartements, mais Dieu sait quoi ! On comprend pourquoi ces enfants sont dans la rue. »

Elle déclare aussi, dans les pages de l'hebdomadaire moscovite *Moskovskie Novosti* : « La télévision française est tellement politiquement correcte que c'en est un cauchemar. Nous avons des lois qui auraient pu être imaginées par Staline. Vous allez en prison si vous dites qu'il y a cinq Juifs ou dix Noirs à la télévision. Le politiquement correct de notre télévision est presque comme la censure en Russie. » Puis elle ajoute (nous reviendrons plus loin, et plus longuement, sur cette étonnante déclaration) qu'en France, « les gens ne peuvent pas exprimer leur opinion sur la Seconde Guerre mondiale » sans être jugés « tout de suite pour infraction ».

Ces propos, relevés par une journaliste du quotidien *Libération*[1], soulèvent quelques protestations, mais un journaliste du *Point* se

1. « Beaucoup de ces Africains sont polygames… », par Lorraine Millot, *Libération*, 15 novembre 2005.

précipite au secours de l'académicienne pour affirmer qu'elle a été « visiblement traumatisée » par le tollé soulevé par ses déclarations. En fait de huées, le boniment d'Hélène Carrère d'Encausse n'a guère suscité, on l'a dit, qu'une courte réprobation, étroitement circonscrite, et qui n'a pas duré. Mais cette réalité n'empêche nullement son secouriste du *Point* d'écrire qu'« on pourra difficilement caricaturer » cette éminente personnalité « en xénophobe ». Car elle a « dans les veines [...] du sang géorgien, russe, polonais et italien », explique ce rigoureux journaliste. Il ne précise bien sûr pas en quoi les origines de l'historienne la prémuniraient contre la xénophobie. Mais son plaidoyer a du moins le mérite d'établir que la presse dominante – celle qui donne le « la » de l'opinion, et dont l'autorité de fait n'a pas encore été entamée, en 2005, par les réseaux sociaux et qui, à l'époque, continue par conséquent d'arbitrer seule le débat public – veille à ce que tout puisse alors être dit publiquement, même des propos – pour le moins – très problématiques.

Et que cette presse s'applique, en cas de besoin, à laver leurs auteurs, généralement présentés comme de courageux pourfendeurs de la censure, de tout soupçon de malveillance.

Reprenons cet enchaînement éclairant. En 2000, un écrivain, Renaud Camus, compte les « collaborateurs juifs » d'une émission de radio pour déplorer qu'ils soient trop nombreux. Mais il reçoit le soutien d'un essayiste médiatique, Alain Finkielkraut, qui affirme que ce dénombrement n'est pas critiquable, et que son auteur, qui deviendra par la suite le principal théoricien de la fantasmagorie du « grand remplacement », n'est aucunement raciste.

Puis, quelques années plus tard, ce même essayiste décompte à son tour les joueurs noirs de l'équipe de France de football, pour s'étonner qu'ils soient si nombreux.

Mais ni l'un ni l'autre n'est condamné, ni même poursuivi, pour avoir tenu de tels propos. Pour le formuler autrement : le premier de ces personnages a pu dire, très distinctement, et sans être le moins du monde inquiété par la justice française, qu'il y avait selon lui trop de Juifs dans une émission de France Culture. Puis l'autre a pu, de la même façon, suggérer qu'il y avait trop de Noirs dans l'équipe de France de football, et se permettre même le luxe de prétendre qu'une telle déclaration risquait, en France, de l'envoyer en prison, sans être, lui non plus, déféré à un tribunal.

Mais cette réalité, qui est que ces proférations n'exposent à aucune sanction pénale, n'empêche pas une historienne et académicienne de renom de prétendre après cela, contre la vérité de ces faits, que la France ploie sous le joug d'une « censure » de type stalinien, et qu'elle embastille ceux qui, bravant ce « politiquement correct », osent courageusement s'adonner au passe-temps, notoirement innocent, consistant à « di[re] qu'il y a cinq Juifs ou dix Noirs à la télévision ».

« Le reflet de la société »

En 2006, Georges Frêche, président socialiste du conseil régional du Languedoc-Roussillon (qui ne s'appelle pas encore l'Occitanie), visiblement préoccupé, lui aussi, par la physionomie de l'équipe de France de football, exprime publiquement le désespoir que lui inspire le constat qu'elle compte « neuf Blacks » sur onze joueurs, quand « la normalité serait qu'il y en ait trois ou quatre, ce serait le reflet de la société ». Poursuivant sa fine analyse, cet éminent édile, qui ne s'est jamais ému de ce que certaines équipes sportives nationales soient majoritairement constituées de joueurs blancs, ajoute que « là », s'il y a autant de Noirs « c'est parce que les Blancs sont nuls ». Puis de conclure : « J'ai honte pour mon pays. Bientôt, il y aura onze Blacks. »

Sans surprise, Georges Frêche, constatant que ses propos suscitent – tout de même – quelques réactions indignées, se pose ensuite en victime de ce qu'il présente comme un « lynchage médiatique ». Et sans surprise, il recevra le soutien d'une éditocratie fermement décidée à tout laisser dire. Le journaliste Jean-François Kahn, fondateur de l'hebdomadaire *Marianne*, ira ainsi jusqu'à soutenir que si la phrase sur les footballeurs noirs majoritaires dans les équipes de l'élu languedocien « est raciste, alors elle était anti-Blancs, puisqu'en vérité il déplorait que ceux-ci fussent footballistiquement médiocres ».

Intéressant moment que celui où la déploration qu'il y ait trop de « Blacks » dans un lieu donné se trouve requalifiée, par le miracle d'un complet retournement de la réalité, en racisme « anti-Blancs ».

Mais l'évidence que tout peut être dit pour stigmatiser des minorités ethnoraciales ou religieuses – et qu'il est devenu presque banal, dès lors qu'ils ne sont pas blancs, de ne caractériser des sportifs que par leur couleur de peau – n'empêche nullement *Valeurs actuelles*, où de telles élucubrations deviendront ensuite ordinaires, de consacrer, le 2 janvier 2009, un dossier, premier d'une longue série, à la dénonciation de prétendues nouvelles censures imposées par « les diktats du politiquement correct ». Selon cet hebdomadaire, en effet, il ne serait plus possible « d'exprimer une pensée forte sans s'exposer à ces formes subtiles de censure » que seraient « l'indignation » et les « appels à la vigilance » contre les discours discriminatoires.

Sa couverture résume ainsi le message transmis à son lectorat : « On ne peut plus rien dire ! » Et pour mieux asseoir cette fantasmagorie, le magazine convoque le témoignage d'un confrère qu'il présente donc comme un spécialiste : Éric Zemmour. Excellente pioche : ce collaborateur du *Figaro* est passé maître, nous le verrons bientôt, dans l'art de produire des boniments victimaires. Il explique : « Je suis invité constamment (à la télévision), parce que, comme j'essaie de déconstruire l'idéologie dominante, je crée le clivage. Et en même temps, ça fait scandale, et les professionnels de l'indignation me tombent dessus. » Manifestement, personne au sein de la rédaction de *Valeurs actuelles* ne relève alors qu'il est un peu extravagant de présenter un personnage qui est « invité constamment » comme une victime de la censure. Mais cette absurdité a du moins le mérite d'établir que c'est en réalité la simple contradiction qui est ici présentée comme une atteinte à la liberté d'expression.

Pas une enfant

En octobre 2009, Alain Finkielkraut s'emporte, dans l'hebdomadaire *Marianne*[1], contre « certains enseignants » qui ont, estime-t-il, trop oublié que « seul l'enfant qui a le sens de la pudeur écoute ce qu'on lui dit ». Par la faute de ces mauvais profs, assure-t-il, « cette intériorisation du regard des adultes a de moins en moins cours ». Puis pour fonder cette assertion, il produit cette preuve qu'il semble juger irréfragable : ces enseignants dévoyés toléreraient « la présence et l'utilisation des portables dans les salles de classe ». L'essayiste se montre donc très attaché – c'est ce qu'il faut ici retenir – à la préservation de « la pudeur »

1. « Faut-il détruire l'école pour sauver l'école ? » par Alain Finkielkraut et Alexis Lacroix, *Marianne*, 10 octobre 2009.

des collégiens et collégiennes, et très remonté contre les inattentifs « enseignants » qui la négligent.

Or, au même moment, exactement, il donne sur France Inter son avis sur l'arrestation le 27 septembre, à Zurich (Suisse), du cinéaste Roman Polanski, toujours poursuivi aux États-Unis pour avoir eu une relation sexuelle avec une enfant de 13 ans, et toujours sous le coup d'un mandat d'arrêt américain délivré en 1978. « Depuis le déclenchement de cette affaire infernale, je vis dans l'épouvante », explique d'abord Finkielkraut. Car selon lui, le réalisateur est victime d'une « persécution »[1].

Conscient peut-être qu'il s'aventure là sur un terrain mouvant, le philosophe s'empresse de préciser : « Soyons clairs, je pense, comme tout le monde aujourd'hui, que l'enfance est sacrée, qu'on ne touche pas aux enfants. » Mais immédiatement après ce qui pourrait donc presque apparaître comme une prétérition, il ajoute que « précisément, parce que ce crime est grave, on ne doit pas accuser à tort et à travers », comme le font, assure-t-il, les dénigreurs du

1. France Inter, 9 octobre 2009.

cinéaste. Puis de marteler : « Polanski n'est pas le violeur de l'Essonne. Polanski n'est pas pédophile. Sa victime [...] n'était pas une fillette, une petite fille, une enfant au moment des faits. C'était une adolescente qui posait nue ou dénudée pour *Vogue Hommes* [...]. »

On l'aura compris, Finkielkraut, dont nous vérifierons qu'il est coutumier de ces brusques changements d'opinion, réussit l'exploit, à quelques heures d'intervalle, de déclarer d'une part, dans *Marianne*, que « la pudeur de l'enfant », menacée par « la présence et l'utilisation des portables dans les salles de classe », devrait être mieux protégée, et d'autre part, sur France Inter, que la victime, âgée de 13 ans, de Polanski, n'était, quant à elle, « pas une enfant, mais une adolescente qui posait nue ou dénudée ».

Il y a bien sûr beaucoup à dire sur cette logorrhée, où, de nouveau, et par un procédé dont nous commençons à entrevoir qu'il est systémique, une victime se trouve précisément dépossédée de ce statut, cependant que son agresseur est, pour sa part, présenté comme la victime d'une « persécution ». Mais ces propos de Finkielkraut, et en particulier son plaidoyer pour Polanski, permettent surtout de prendre la mesure de ce qui peut alors – et toujours – être dit dans un espace public où les discours les plus incommodants deviennent la nouvelle norme, pendant que des bonimenteurs prétendent qu'« on ne peut plus rien dire ».

Fort de cette indulgence, le philosophe et futur académicien va du reste, nous y reviendrons, se diversifier encore, pour se précipiter deux ans plus tard au secours d'un autre homme important.

Un dissident particulier

En 2010, Éric Zemmour, quant à lui, n'émarge plus seulement au *Figaro* : il est aussi éditorialiste sur RTL, coanimateur d'une émission diffusée chaque samedi en seconde partie de soirée sur France 2, et d'un débat « politique » hebdomadaire sur i-Télé.

C'est la publication, en 2006, de son livre *Le Premier Sexe*, un pamphlet misogyne dénonçant la dévirilisation d'un monde qui selon lui souhaitait désormais faire des hommes « des femmes comme les autres », qui lui a permis de passer de l'ombre relative dans laquelle il végétait auparavant au *Figaro* à la lumière des plateaux de télévision, où ses saillies réactionnaires seront dorénavant considérées comme rentables.

Du haut des tribunes qui lui ont ainsi été offertes, il a ensuite agrémenté son discours sexiste de tirades xénophobes. En septembre 2007, par exemple, il a déclaré dans le cours d'un débat consacré à l'immigration, et sans produire bien sûr le moindre élément probant à l'appui de cette assertion[1] : « La réalité des mariages aujourd'hui, c'est un nombre incalculable de mariages arrangés pour obtenir des papiers à des gens en Algérie, en Afrique. » Un an plus tard, en 2008, il a asséné, dans une émission présentée comme « impertinente » et consacrée au métissage : « Qu'est-ce que ça veut dire que [les races] n'existe[nt] pas ? On voit bien que ça existe ! » Puis il a lancé à la journaliste Rokhaya Diallo, également présente sur le plateau : « J'appartiens à la race blanche, vous appartenez à la race noire ! »[2] Mais loin de lui nuire, ces vociférations ont, tout au contraire, boosté sa carrière.

---

1. Sébastien Fontenelle, Mona Chollet, Olivier Cyran, Laurence De Cock, *Les Éditocrates, 2 : le cauchemar continue*, La Découverte, 2018.
2. « Demain tous métis », émission « Paris-Berlin, le débat », Arte, 13 novembre 2008.

En 2010, les éditions Albin Michel publient son livre *Mélancolie française*, dans lequel le journaliste revisite l'histoire de France et expose quelques-unes de ses hantises : il redoute notamment que les Français « de souche et de race blanche » ne soient submergés par « les nouveaux “barbares” de l'immigration arabo-africaine ». Ses sorties xénophobes à répétition lui valent alors d'être poursuivi devant la justice par des associations antiracistes, après qu'il a déclaré à la télévision qu'un employeur « a le droit » de refuser d'embaucher un Noir ou un Arabe. Et ces poursuites lui vaudront à leur tour d'être une première fois condamné pour provocation à la discrimination raciale.

Dans ce moment difficile, le collaborateur du *Figaro* reçoit le soutien d'autres journalistes, et celui de plusieurs députés de la majorité de droite de l'époque qui s'indignent qu'on veuille ainsi « faire taire un journaliste qui exprime une opinion, qu'elle soit vraie ou non, parce qu'elle dérange », et s'insurgent, dans un français un peu hésitant, contre la « dérive qui conduit à bâillonner la liberté d'expression par les tyranneaux de la pensée unique de l'antiracisme ».

Mais ces témoignages d'affection et de soutien n'empêchent nullement l'intéressé de se poser, dans les pages de *Valeurs actuelles*, en victime d'« une logique d'inquisition revisitée par le totalitarisme soviétique »[1]. Il rapporte, pour documenter cette extravagante affirmation, l'anecdote suivante : « Au Salon du livre, une lectrice m'a dit : "Je suis d'origine russe et j'ai retrouvé dans votre affaire ce qu'on vivait en URSS, où on ne savait jamais ce qu'on pouvait dire et avec qui." »

De nouveau donc, et cinq ans après qu'Hélène Carrère d'Encausse les avait déjà invoquées pour dénoncer en 2005 une prétendue censure, ce sont les persécutions infligées à ses dissidents par le régime soviétique qui se trouvent convoquées pour fustiger un musellement imaginaire. C'est, dans le meilleur des cas, une offense faite à la mémoire de ces victimes. Car cette péroraison minimise – pour le moins – la réalité de ce que les opposants à ce régime tyrannique, dont la liberté d'expression était parmi d'autres effectivement foulée, ont réellement enduré,

1. « Les nouveaux insoumis », par Laurent Dandrieu, *Valeurs actuelles*, 10 juin 2010.

et suggère même l'exact contraire, lorsqu'on la rapporte aux faveurs et autres privilèges dont Éric Zemmour bénéficie alors.

Dans le monde réel, lorsqu'il prétend mensongèrement être censuré, et laisse dire par ses supporters qu'il serait bâillonné, ce dernier occupe en effet à lui seul, on l'a dit, un très vaste espace médiatique, où il rabâche jour après jour ses tristes obsessions. Répétons-le : toutes les semaines, *Le Figaro* publie ses chroniques. Du lundi au vendredi, tous les matins, il intervient à l'antenne de RTL. Tous les samedis après-midi, il coanime sur i-Télé (future CNews) une émission de débat. Tous les samedis soir, enfin, il coprésente sur France 2, avec Laurent Ruquier et son ami Éric Naulleau, l'émission la plus regardée de l'époque. Et lorsque des voix s'élèvent pour dénoncer sa xénophobie, il est immédiatement et massivement soutenu, on l'a vu, par des élus du parti au pouvoir. Cela fait de lui un dissident assez particulier, dont le sort aurait à coup sûr été regardé comme très enviable par les innombrables victimes du totalitarisme soviétique – bien réelles, elles, et dont il minore si gravement ce qu'elles ont enduré.

Mais un double pli est ainsi définitivement pris chez les forgeurs de l'opinion : celui de subvertir systématiquement la réalité, et celui d'inventer, pour mieux asseoir cette subversion, de fausses censures destinées à justifier, notamment, la production de discours discriminatoires et de plaidoyers pour des tourmenteurs. Il est donc important de s'attarder encore sur ces moments dans lesquels se mettent en place des arguments et un vocabulaire qui ne vont pas seulement irriguer le discours médiatique, mais qui, à terme, se diffuseront aussi dans l'opinion publique, pour le plus grand bénéfice des démagogues.

Sauver DSK

En 2011, Dominique Strauss-Kahn (DSK), ex-ministre français de l'Économie et des Finances devenu directeur général du Fonds monétaire international (FMI), est arrêté à New York. Nafissatou Diallo, une femme de chambre de l'hôtel dans lequel il a passé la nuit, l'accuse de l'avoir agressée sexuellement. Aussitôt, de très nombreux témoins de moralité se précipitent au secours du pauvre homme. Et parmi ces secouristes, Alain Finkielkraut s'illustre, une fois de plus, par son empressement.

Huit jours après l'arrestation de DSK, l'essayiste qui avait dit en 2009 son « épouvante » après l'interpellation de Polanski, éprouve de nouvelles affres : « Je suis sous le choc, je suis interdit, je suis interloqué, d'abord par l'horreur tragique de cet événement », explique-t-il au cours d'un entretien sur RMC[1]. Mais encore une fois, ce n'est pas tant l'affliction de la victime déclarée d'une agression sexuelle qui le préoccupe que le sort de son agresseur présumé. Il explique : « Je suis frappé par la dimension tragique de l'affaire. [...] Aucune solidarité ni politique ni de caste ne me relie à Strauss-Kahn, mais j'ai malgré tout un sentiment de compassion pour ce qui lui arrive. » Son interlocuteur – une fois n'est pas coutume – l'interrompt, un peu surpris peut-être par cet apitoiement sélectif : « Mais en disant cela vous ne parlez pas de la victime présumée ? » Finkielkraut concède alors : « Si les choses se sont passées telles que l'acte d'accusation les décrit, alors ce fut pour elle terrible. Ça a duré au moins un quart d'heure, ce qui est très long, il y a eu toutes sortes de tentatives de pénétration, j'imagine qu'elle a été traumatisée ou, comme le disent aujourd'hui ses proches, dévastée par ce qui lui est arrivé. » On peut en effet l'imaginer.

1. « Les Grandes Gueules », RMC, 19 mai 2011.

Mais – car il y a bien sûr un mais – tout de même, le philosophe semble être principalement préoccupé par le fait que la « présomption d'innocence » de Dominique Strauss-Kahn n'est selon lui pas « respectée par une justice américaine qui s'est révélée jusqu'à présent absolument barbare ». En effet, le directeur du FMI, menotté, s'est vu infliger devant des caméras, lorsqu'il a été emmené par la police, ce que Finkielkraut appelle « le *perp walk* », c'est à dire « la promenade du perpétrateur ». Or, poursuit le philosophe, « perpétrateur, c'est le mot qu'on utilise pour les bourreaux. Les bourreaux nazis, on les appelle les *perpetrators.* » Le sous-entendu est limpide : pour le futur académicien, qui énonce posément cette énormité – mais qui omet de préciser que la procédure qu'il dénonce n'a rien d'exceptionnel aux États-Unis – DSK est peu ou prou traité comme un criminel de guerre nazi.

Le président du FMI se voit donc infliger, insiste encore Finkielkraut, « une mise à mort médiatique organisée par la police et par la justice dont tout le monde devrait s'émouvoir, les féministes comprises ». Ces dernières – c'est induit – devraient donc cesser de trop se focaliser sur la plainte d'une femme de chambre qui affirme avoir été violée, pour compatir au triste sort d'un homme qui mérite lui aussi leur compassion, puisqu'il est la victime, non pas d'une agression, mais d'une « mise à mort médiatique ». Ou, pour le dire autrement : elles devraient, selon l'étonnant philosophe qui présume que leur empathie bafoue la présomption d'innocence, se détourner un peu de la victime présumée d'un viol, pour se porter aussi au secours de son agresseur présumé.

Le « terrorisme de la bien-pensance »

Dans ce moment de débondement, Finkielkraut n'est bien sûr pas seul à se laisser aller : de nombreuses personnalités font part de leur soutien à DSK. Jean-François Kahn, par exemple, va s'illustrer par la production d'une formule particulièrement stupéfiante.

Ce journaliste s'est de longue date spécialisé dans la dénonciation régulière de ce qu'il appelle sobrement le « terrorisme de la bien-pensance ». Dans un livre paru en 2002[1], il attribuait déjà les difficultés rencontrées par *Marianne* dans les mois qui avaient suivi son lancement en 1997 à une censure des « bien-pensants ». Par la suite,

1. Jean-François Kahn, *Ce que Marianne en pense*, 1001 Nuits, 2002.

il a régulièrement fustigé cette gauche qu'il juge « inquisitoriale » car elle passe selon lui beaucoup trop de temps à dénoncer « obsessionnellement et compulsivement » ce qu'elle appelle des « dérapages » racistes ou xénophobes, alors qu'il s'agit plutôt, selon lui, de simples stupidités qui ne doivent surtout pas être présentées comme du racisme, car une telle accusation induit, assure-t-il, qu'« on n'a plus le droit de s'exprimer laborieusement ou maladroitement, ou, beaucoup plus gravement, de ne pas penser comme il faut et de s'exprimer avec les mots qu'il ne faut pas ».

Jean-François Kahn suggère donc que dans une époque où des histrions produisent régulièrement des avis exprimant l'aversion que leur inspirent la religion musulmane ou ce qu'ils présentent comme une regrettable surreprésentation des joueurs noirs au sein de l'équipe de France de football, le questionnement de tels propos relèverait, soit d'une discrimination interdisant que l'on s'exprime maladroitement, soit d'un totalitarisme restreignant la liberté d'expression.

Là encore, il s'agit, on l'aura compris, de

remplacer la réalité – qui est que des minorités ethnoraciales ou religieuses sont régulièrement attaquées dans le débat public – par une autre, et d'imputer aux victimes de ces avanies les corruptions de leurs agresseurs. Du reste, Kahn dit aussi, et comme pour mieux parachever cette subversion de la logique, que ce qu'il appelle la « bien-pensance gaucho-médiatique » apporte de l'eau « au moulin de l'extrême droite » lorsqu'elle demande par exemple que des poursuites soient engagées contre Éric Zemmour quand celui-ci incite à la haine. Cela fait une étonnante pédagogie, où il convient de ne pas dénoncer la xénophobie pour ne pas faire le jeu des xénophobes. Mais elle a du moins le mérite d'occulter complètement qu'en réalité, la prétendue « bien-pensance » progressiste, loin de porter une morale castratrice, n'est jamais que la demande d'une seule et même justice pour tous.

Au mois de mai 2011, JFK, fort d'un tel système, se lance à son tour dans un plaidoyer pour Dominique Strauss-Kahn. Le 16 mai, il déclare sur France Culture : « Je suis certain, pratiquement certain qu'il n'y a pas eu une tentative violente de viol, je ne crois pas. Je connais le personnage, je ne le pense pas. » Il ajoute qu'il pense plutôt qu'il y a eu une « imprudence ». Puis il précise encore sa pensée. DSK s'est laissé aller à « un troussage de domestique »[1]. Cette déclaration provoque cette fois un tollé, et Jean-François Kahn reconnaît rapidement avoir dit « une connerie », et que son commentaire était « totalement inacceptable ». Mais tout de même, il s'emporte contre un monde dans lequel on ne peut, affirme-t-il, plus rien dire. Puis, dans une virulente tribune publiée par *Le Monde*, il dénonce « la chasse obsessionnelle aux petites phrases, aux "dérapages" comme on dit, qui réduit des attitudes, des opinions, des pensées, des positions, des interrogations à deux mots de travers, paralyse de la sorte tout débat, excommunie un fond pour un vice de forme, terrorise et transforme la langue de bois en langue de plomb »[2]. Il précise qu'il compte notamment Georges Frêche au nombre des victimes de ce prétendu terrorisme.

Pour le fondateur de *Marianne*, la

1. Christine Delphy (coord.), *Un troussage de domestique*, Syllepse, 2011.
2. « Ne jetez pas mes combats aux oubliettes ! », par Jean-François Kahn, *Le Monde*, 26 mai 2011.

réprobation d'un commentaire public raciste ou sexiste relève donc de l'envie de tuer – au moins symboliquement – et de la psychiatrie, puisqu'il s'agit selon lui d'une « chasse obsessionnelle » aux dérapages, ce dernier mot présentant quant à lui l'avantage de suggérer que les proférations détestables qui ponctuent le débat public ne relèveraient nullement de ressentiments fonciers et systémiques, mais bien plutôt de la maladresse langagière. Et bien sûr, cette réprobation est de nouveau présentée comme un empêchement du débat, et comme une excommunication. C'est-à-dire, une fois encore, comme une censure.

Mais dans la réalité, on l'a vu, on peut au contraire tout à fait dire, comme Alain Finkielkraut, qu'il y a trop de joueurs noirs dans l'équipe de France de football. On peut tout à fait dire, comme Éric Zemmour, qu'un employeur « a le droit » de ne pas recruter un Noir ou un Arabe. Ces propos terribles n'ont aucunement nui au prestige de leurs auteurs. La presse et les médias ont imperturbablement continué, après ces sorties – et bien d'autres encore –, à ouvrir largement leurs pages, plateaux et studios à Finkielkraut et à Zemmour, qui est devenu, en dépit de sa condamnation pour provocation à la haine raciale, le « roi de l'Audimat ».

Ce qui s'est dit

Au mois de février 2015, le directeur de la publication de *Valeurs actuelles*, poursuivi pour provocation à la discrimination envers les musulmans après avoir fait confectionner une couverture représentant une Marianne voilée et dénonçant une « invasion de naturalisés », se plaint[1] d'une « régression du débat intellectuel » et déplore que « ce qui pouvait être dit il y a vingt-cinq ans » – avant l'adoption en 1990 de la loi dite Gayssot, qui interdit « toute discrimination fondée sur l'appartenance ou la non-appartenance à une ethnie, une nation, une race ou une religion » – ne

1. « Marianne voilée : le directeur de *Valeurs actuelles* condamné », *Le Monde*, 3 février 2015.

puisse plus être dit[1].

Quelques semaines plus tard, le magazine consacre son numéro du 4 juin 2015 à une nouvelle dénonciation des « chiens de garde de la pensée unique », et barre une fois de plus sa couverture de cette déploration rageuse, suggérant que des dizaines de millions de citoyens seraient soumis à un flicage généralisé : « On ne peut plus rien dire ! »

La vérité est tout autre. Pendant de longues années, contrairement à ce que soutient *Valeurs actuelles*, beaucoup de choses ont pu être dites publiquement par un petit nombre de clercs médiatiques, réactionnaires pour la plupart, mais qui pour certains se réclamaient plutôt de la gauche. Certains de ces commentateurs ont ainsi pu dire et redire, pendant plusieurs décennies, leur admiration pour un écrivain pédophile. Ils ont pu dire l'aversion que leur inspirait la religion musulmane. Ils ont pu se précipiter au secours d'un cinéaste poursuivi pour agression sexuelle sur mineure – et contre lequel d'autres accusations portant sur des faits

1. Quelques mois plus tard, l'hebdomadaire sera condamné, en appel, pour provocation à la discrimination, la haine ou la violence envers les Roms.

similaires ont ensuite été formulées.

Certains d'entre eux ont également pu dire qu'il était légitime de compter les « collaborateurs juifs » d'une émission de France Culture, dire qu'il était amusant et tout à fait innocent de lister les joueurs noirs de l'équipe de France de football, ou dire qu'il était tout de même un peu désolant qu'on ne puisse pas tranquillement évaluer le nombre de Juifs et de Noirs à la télévision. Or, on l'a constaté, quand des parleurs réactionnaires se livrent à ce type de recensement, c'est le plus souvent pour déplorer que les recensés soient « surreprésentés ». Ou, pour le formuler autrement, trop nombreux.

Lorsque ces calculateurs comptent par exemple des Juifs à la radio ou des Noirs sur un terrain de sport, ou demandent un droit de les compter – sans jamais se livrer à de tels dénombrements dans les endroits où les Blancs prédominent –, c'est pour exciter un ressentiment contre ces intrus. Lorsque ces agitateurs se plaignent d'une prétendue censure pour mieux réclamer le droit de se livrer à leur passion pour les mathématiques appliquées au dénigrement d'une minorité, il est par conséquent permis de se demander s'ils n'exigent pas, en réalité, un droit de les stigmatiser. S'ils n'exigent pas en somme d'être exemptés de leur obligation de respecter la loi réprimant la provocation « à la discrimination, à la haine ou à la violence à l'égard d'une personne ou d'un groupe de personnes en raison de leur origine ou de leur appartenance ou de leur non-appartenance à une ethnie, une nation, une race ou une religion déterminée », délit passible en France, comme le dispose le Code pénal, « d'un an d'emprisonnement et de 45 000 euros d'amende ou de l'une de ces deux peines seulement ».

Ou s'ils ne souhaiteraient pas, finalement, s'exonérer de ce principe élémentaire : l'égalité entre citoyens.

Passe-droits

Lorsque l'historienne et académicienne Hélène Carrère d'Encausse dit son regret que « les gens ne p[uiss]ent pas exprimer leur opinion sur la Seconde Guerre mondiale sans être jugés tout de suite pour infraction, il est également permis de se demander si elle ne réclame pas un passe-droit. Car dans la réalité, tout peut être dit, en France, sur cette guerre. À une interdiction près : on ne peut pas minimiser ou nier la réalité des crimes contre l'humanité perpétrés par les nazis et leurs complices, car cela tombe sous le coup des lois réprimant le négationnisme. Cette contestation est, de fait, la seule chose qui ne puisse pas être exprimée sur la Seconde Guerre mondiale, pour l'excellente raison que de tels propos ne constituent pas, contrairement à ce que suggère l'académicienne, une opinion, mais un délit.

De la même façon, lorsqu'elle soutient que « vous allez en prison si vous dites qu'il y a cinq Juifs ou dix Noirs à la télévision » française, l'historienne ne peut pas ignorer que c'est uniquement si de tels décomptes sont effectués à la seule fin de provoquer à la discrimination, à la haine ou à la violence qu'ils tombent sous le coup d'une loi qui n'a, que l'on sache, jamais puni des observateurs déplorant que les Juifs ou les Noirs soient sous-représentés au sein de telle ou telle instance médiatique ou sportive[1].

Selon toute apparence, ce sont donc les textes législatifs réprimant le racisme qu'Hélène Carrère d'Encausse présente comme « des lois qui auraient pu être imaginées par Staline ». Car c'est l'application de ces textes – et seulement de ces textes – qui pourrait éventuellement valoir une peine de prison à quelqu'un

1. Au demeurant, et contrairement, là encore, à ce que soutient Hélène Carrère d'Encausse, la justice n'a pas non plus envoyé Renaud Camus « en prison » lorsqu'il a publiquement déploré en l'an 2000 que « les collaborateurs juifs du *Panorama* de France Culture » soient « décidément » surreprésentés, ni incarcéré Alain Finkielkraut après qu'il avait considéré que les joueurs noirs de l'équipe de France de football étaient eux aussi trop nombreux.

qui serait poursuivi pour avoir dénombré dans une intention maligne « cinq Juifs ou dix Noirs à la télévision » française.

Au fil du temps, répétons-le, beaucoup de choses incommodantes ont ainsi pu être dites publiquement sous le couvert d'une impunité dont la presse et les médias dominants, arbitres complaisants de leurs propres manquements, ont été les premiers garants.

Cependant, cela va changer au mitan des années 2010, car cette presse et ces médias vont alors perdre beaucoup de leur magistère. La période est en effet marquée par l'apparition et l'installation de nouveaux moyens de communication, portés par Internet – les réseaux sociaux – et de nouveaux médias, blogs et sites émancipés de certaines conventions et de certaines habitudes. C'est là, dans cet espace d'expression où l'éditocratie installée se trouve soudain dépossédée de son influence, que des voix qui jusqu'alors étaient minorisées se font enfin entendre. C'est là, notamment, que des contestations et des protestations nouvelles contre les discriminations liées au genre ou à la race s'organisent, et trouvent régulièrement un écho mondial.

#MeToo

En octobre 2017, la révélation des viols perpétrés par le producteur de cinéma étasunien Harvey Weinstein donne ainsi lieu, sur les réseaux sociaux, à l'éclosion de nombreux hashtags (ou mots-dièses) sous lesquels des victimes de violences sexuelles dénoncent leurs agresseurs, comme principalement #MeToo, parti des États-Unis, et en France, #BalanceTonPorc. C'est le début d'un immense mouvement planétaire de libération d'une parole qui avait été interminablement contenue et contrainte, mais qui cette fois est non seulement entendue, mais écoutée. De sorte que certaines impunités deviennent intolérables aux yeux de beaucoup, et qu'il est soudainement bien plus difficile de soutenir publiquement des prédateurs. Et cela soulève, comme le relève l'association Acrimed, une immense vague d'exaspération.

Cet observatoire des pratiques journalistiques constate en effet que ce mouvement se heurte en France, à ses débuts, à de véritables tirs de barrage médiatiques, où l'« occultation de la parole des spécialistes et des militantes » va de pair avec une « focalisation sur la forme de la dénonciation plutôt que sur les faits dénoncés »[1]. Selon Acrimed, « la procédure éditocratique standard consiste, en l'occurrence, à dresser, après un préambule facultatif condamnant les violences ou se félicitant d'une libération de la parole, un vif réquisitoire, attristé, indigné ou condescendant » contre les modalités de cette délivrance. Eugénie Bastié, journaliste au *Figaro*, voit ainsi dans le hashtag #BalanceTonPorc un « appel à la délation », cependant que son confrère Ivan Rioufol, qui travaille pour le même journal, fustige une « chasse à l'homme » et que l'incontournable Alain Finkielkraut pérore : « La délation n'est pas une forme d'émancipation pour

1. Acrimed, *Les Médias contre la rue : 2 ans de démobilisation sociale*, Adespote, 2021.

les femmes. » Les mêmes, qui se plaignent régulièrement qu'on ne puisse plus rien dire, jugent soudain que les victimes d'agressions sexuelles en disent trop, et appellent, non plus à une libération, mais à un contrôle de la parole. Et une fois de plus, donc, et selon une logique éprouvée, des victimes se trouvent accablées et présentées comme des bourreaux et bourrelles.

Éric Zemmour, quant à lui, résume ainsi son point de vue sur Europe 1, où ses commentaires sont toujours appréciés : « Pendant la guerre, on aurait dit de libérer la parole aussi. "Dénonce ton Juif", ça aurait été parfait. » Le « néoféminisme », comme l'appellent ses contempteurs, se trouve ainsi amalgamé à la délation meurtrière institutionnalisée jadis par les nazis et leurs complices, par un journaliste – et futur candidat à l'élection présidentielle – qui n'hésite par ailleurs pas à soutenir, comme nous le verrons, que le maréchal Pétain aurait sauvé les Juifs français.

Plus généralement, et au-delà de la déflagration provoquée par cette dénonciation des violences sexistes, ce sont les nouvelles contestations qui plongent les commentateurs autorisés dans l'affliction, et dans une impatience rageuse.

« Qui manipule ? »

En 2018, la collégienne suédoise Greta Thunberg, alors âgée de 15 ans et atteinte du syndrome d'Asperger, proteste devant le Parlement de son pays contre l'inaction des gouvernants mondiaux face au dérèglement climatique. Elle lance alors le mouvement des grèves scolaires pour le climat qui, porté par les réseaux sociaux, se propage rapidement dans le monde entier, et contribue puissamment à la prise de conscience planétaire que la catastrophe en cours est principalement due à cette inertie. Mais cet engagement vaut à la jeune lanceuse d'alerte quelques rudes admonestations. Donald J. Trump, président des États-Unis d'Amérique, la juge « ridicule ». Il écrira sur Twitter : « Greta doit travailler sur son problème de gestion de la colère, puis se faire un bon ciné avec un ami. Détends-toi Greta, détends-toi. » En France, d'autres éminences réactionnaires laissent aussi éclater leur colère. Comme le relève l'association Acrimed, la lycéenne « déchaîne les chiens de garde » qui, manifestement, supportent mal de se trouver confrontés à des enthousiasmes qu'ils ne contrôlent pas.

Sur CNews, la chaîne d'information en continu du groupe Bolloré où il dispose d'un rond de serviette, Ivan Rioufol, journaliste au *Figaro*, fait part des soupçons que lui inspire Greta Thunberg : « On se demande qui est derrière cette jeune fille. Qui la manipule ? Qui l'endoctrine ? » Puis de confesser, manifestement oublieux des chroniques dans lesquelles lui-même, semaine après semaine, vitupère entre deux dénonciations du « grand remplacement » contre les « gauchistes », contre les migrants et contre les musulmans : « Son fanatisme m'inquiète. » Et d'ajouter encore, dans un surcroît de décence : « Quand on se rappelle ce qu'a pu être le communisme ou le nazisme… On se souvient de l'embrigadement des jeunesses dans les régimes totalitaires… Les jeunesses hitlériennes, les jeunesses maoïstes… » D'autres contempteurs choisissent un registre légèrement différent de celui de l'invocation du nazisme pour dire l'exaspération – dans le meilleur des cas – que leur inspire la jeune écologiste suédoise : sur son compte Twitter, l'essayiste et animateur Raphaël Enthoven, après l'avoir dans un premier temps traitée de « cancre mondiale » et de « tête creuse », la présentera ensuite, et par une tournure discrètement ordurière, comme « le doudou des adultes qui ont l'impression de grandir quand ils se font fesser par des enfants ». Décidément, la mobilisation écologique planétaire d'adolescents exaspérés par l'impéritie de leurs aînés plonge ces adultes dans un abîme de fureur. Contre ces effrontés, dont les contempteurs, inconscients peut-être de ce que ces insultes ahurissantes portent de révisionnisme, suggèrent très sérieusement que leur investissement peut rappeler le fanatisme des jeunesses hitlériennes, il n'est évidemment pas question d'argumenter : l'invective vaut démonstration.

Sur France Inter, Alain Finkielkraut, devenu académicien en 2015 – promotion qui ne l'empêche bien sûr pas de continuer à se présenter de plateau en studio en victime d'un acharnement contre sa personne –, s'emporte : « Je trouve lamentable que des adultes s'inclinent aujourd'hui devant une enfant. Je crois que l'écologie mérite mieux. Et il est clair qu'une enfant de 16 ans, quel que soit le symptôme dont elle souffre, est évidemment malléable et influençable. » Son hôte, Ali Baddou, l'interrompt, manifestement surpris par l'emportement de son invité, et lui rappelle que la collégienne demande simplement que soient prises en compte les données scientifiques qui concernent le réchauffement climatique. Mais cette interruption de l'animateur, loin de le ramener à plus de pondération, redouble au contraire l'exaltation de Finkielkraut qui, extrêmement agité, vocifère : « Nous avons mieux à faire pour sauver ce qui peut l'être de la beauté du monde que de nous mettre au garde-à-vous devant Greta Thunberg et d'écouter les abstraites sommations de la parole puérile. » Puis de tonner : « En écoutant simplement certains scientifiques on demandera toujours davantage d'éoliennes, c'est-à-dire que l'écologie majoritaire participera à la dévastation à laquelle elle croit porter remède. » Et de conclure, exaspéré : « Laissons les enfants être des enfants. »

Qui sait, cela permettrait peut-être d'oublier que ces « enfants » ont été bien seuls, pendant que leurs aînés guerroyaient par exemple contre d'imaginaires censures, à dénoncer le danger mortel qui guettait leur planète.

Cette séquence étonnante est bien évidemment révélatrice de l'abîme qui s'est creusé en peu d'années entre une jeunesse pleinement consciente de la catastrophe écologique en cours et fermement décidée à ne plus s'en laisser conter par ceux qui l'ont provoquée, et l'inconscience revendiquée d'une génération qui, voyant son autorité lui échapper, en est encore à nier la réalité scientifique pour mieux protester, par exemple, contre le recours à l'énergie éolienne, mensongèrement présentée comme dévastatrice. Mais surtout, l'échange entre Ali Baddou et Alain Finkielkraut confirme que les avis de l'académicien versatile peuvent grandement varier, et passer même de l'affirmation d'une soi-disant évidence à celle, proférée avec le même aplomb, de son exact contraire.

En 2009, on se le rappelle, Finkielkraut soutenait en effet, dans sa plaidoirie en faveur de Roman Polanski, et en même temps qu'il en appelait au respect de la « pudeur » des collégiens français, menacée selon lui par des enseignants insuffisamment attentifs à leur usage du téléphone portable, que la victime du cinéaste, alors âgée de 13 ans, « n'était pas une fillette, une petite fille, une enfant au moment des faits » qui avaient valu au cinéaste d'être arrêté à Zurich, mais bien plutôt « une adolescente qui posait nue ou dénudée pour *Vogue Hommes* ». De sorte que, toujours selon l'académicien, le réalisateur n'était bien sûr « pas pédophile ». Mais dix ans plus tard, Finkielkraut, lorsqu'il présente Greta Thunberg « comme une enfant de 16 ans » pour mieux disqualifier sa « parole puérile », a donc complètement changé son point de vue, puisque l'enfance, dont il assurait dix ans plus tôt qu'elle finissait avant 13 ans, dure finalement, lorsque cet ajustement lui permet de fustiger la jeune lycéenne suédoise, alors en classe de seconde, jusqu'à 16 ans.

Est-ce là l'ultime volte-face de l'académicien ? Va-t-il se tenir à ce dernier avis ? Rester ferme dans cette nouvelle conviction que les lycéens sont bel et bien des enfants ?

La chute

Au mois de janvier 2020, les éditions Grasset publient un livre dans lequel l'éditrice Vanessa Springora fait le récit détaillé des deux années passées, lorsqu'elle était âgée seulement de 14 ans, sous l'emprise d'un littérateur renommé qu'elle désigne par ses seules initiales : « GM », pour Gabriel Matzneff.

Cet écrivain pédophile, dont les agissements étaient parfaitement connus depuis de longues décennies, ne serait-ce que parce qu'il en faisait complaisamment le récit détaillé dans ses livres, a jusque-là bénéficié, nous l'avons montré, de la constante complaisance de ses différents éditeurs et, par-dessus tout, de l'indéfectible soutien de la presse de droite. Lui-même était si sûr de cette impunité sans cesse renouvelée qu'il se faisait même une gloire de ses méfaits, et se targuait publiquement d'aller contre ce qu'il appelait, dans une édifiante déclinaison de la dénonciation obsessionnelle du « politiquement correct » par la droite réactionnaire, le « sexuellement correct ». Mais dans l'après-#MeToo, ces facilitations et ces tolérances – en un mot, ces complicités – sont devenues insoutenables, et la publication du livre de Vanessa Springora précipite la chute du prédateur en série dont les « passions » émoustillaient tant ses raffinés admirateurs.

Ce n'est donc plus seulement sur les réseaux sociaux que tout un ordre ancien se trouve menacé : la perturbation vient cette fois-ci du monde feutré de l'édition parisienne, au sein duquel Matzneff avait si longtemps pu compter sur d'indéfectibles soutiens.

Pris dans une tourmente qui lui vaut d'être poursuivi pour viols commis sur mineurs de 15 ans, l'écrivain peut cependant compter encore sur le soutien de quelques inguérissables plaideurs, qui semblent décidément avoir pris le pli, lorsqu'ils se trouvent confrontés à des crimes sexuels impliquant des personnalités publiques, de trouver aux agresseurs des circonstances atténuantes.

Le 7 janvier 2020, cinq jours donc après la publication du livre de Vanessa Springora, Alain Finkielkraut dit à la télévision, dans l'émission que Pascal Praud anime quotidiennement sur CNews, ce que lui inspire le récit de l'éditrice. Il commence par formuler cette préconisation : « Ne soyons pas crétins, et examinons le cas Matzneff en lui-même, sans préjugés, sans œillères idéologiques. » Tout contradicteur exprimant un avis trop différent du sien se trouve ainsi, par avance, renvoyé par l'académicien à une imbécillité et à un aveuglement idéologique qui sont présentés comme les seules explications possibles à ce potentiel désaccord, en même temps que lui-même se pose en garant et en gardien de l'intelligence, et d'une sagesse émancipée de tout dogmatisme.

Fort de ce préambule, Finkielkraut, revenant au système de défense auquel il a déjà eu recours lorsqu'il s'est précipité au secours de Roman Polanski, assène que « le cas Springora n'est pas un cas de pédophilie. Une adolescente et un enfant, ce n'est pas la même chose. Ça n'a rien à voir avec la pédophilie. » Et de répéter : « Ce n'est pas un cas de pédophilie ou les mots ne veulent plus rien dire. »

Mais bien plutôt « un cas de ce que l'on appelait autrefois un détournement de mineur ». Lequel reste, encore aujourd'hui, puni d'emprisonnement…

De nouveau, donc, le philosophe a modifié son discours. À la différence de Greta Thunberg, Vanessa Springora n'était absolument pas « une enfant » lorsqu'elle avait 14 ans, estime l'académicien, mais « une adolescente », « et ce n'est pas du tout la même chose ».

Il y a dans ces revirements l'esquisse d'un schéma : lorsqu'une mineure tombe sous l'emprise d'un prédateur de renom, elle doit être considérée comme une adolescente – et comme probablement consentante. Mais lorsqu'une mineure s'élève contre l'inconséquence criminelle des adultes qui détruisent la planète, il convient de la discréditer en l'assignant à sa puérilité supposée. Dans les deux cas cependant, une même volonté anime, semble-t-il, Finkielkraut : celle de disqualifier la mise en cause d'un ordre adulte destructeur. Et celle, par conséquent, étonnante chez ce contempteur frénétique d'une imaginaire censure bien-pensante, d'empêcher que des jeunesses violentées puissent exprimer leurs souffrances.

Une telle disposition d'esprit, désormais dénoncée pour ce qu'elle est par nombre d'usagers des réseaux sociaux, ne heurte pourtant nullement la presse et les médias dominants. Soudés par une foi qui transcende les clivages politiques et professionnels, ceux-ci continuent de communier dans l'idée que Finkielkraut fait un hôte de choix. La chaîne d'information en continu LCI lui offre ainsi, à l'été 2020, une chronique hebdomadaire dans une émission de débat présentée par David Pujadas, où il va une fois encore se livrer, inconscient que les temps ont changé, à son penchant pour l'appui à des personnalités de renom : ce sera la fois de trop.

« Le nouveau maudit »

Au mois de janvier 2021, la juriste Camille Kouchner révèle dans un livre que son beau-père, le politologue Olivier Duhamel, constitutionnaliste renommé, président de la Fondation nationale des sciences politiques et invité quasi-permanent de nombreux médias, a abusé de son frère jumeau lorsque celui-ci était adolescent. Comme après la publication un an plus tôt du témoignage de Vanessa Springora, le scandale est immense, et son écho se trouve encore amplifié par le succès commercial de l'ouvrage. Et comme l'année précédente, Alain Finkielkraut, après avoir tout de même concédé que ce qu'a fait Olivier Duhamel est « très grave » et que celui-ci est « inexcusable », déplore sur LCI qu'« on » ne puisse pas même

« essayer » de se demander s'il y a « eu consentement », ni « à quel âge ça a commencé », ni s'il y a « eu ou non une forme de réciprocité » sans qu'« on vous tombe immédiatement dessus ». Et quand David Pujadas lui rétorque que la victime était « un enfant de 14 ans », il produit de nouveau l'argument qui lui a déjà servi pour Roman Polanski et Gabriel Matzneff : « Et alors ? D'abord, on parle d'un adolescent, c'est pas la même chose. »

Mais en 2021, cette plaidoirie, dont l'académicien ne semble pas imaginer qu'elle puisse lui être soudainement reprochée, ne « passe » plus. La chaîne d'information lui signifie, après lui avoir tout de même garanti pendant plusieurs mois une estrade depuis laquelle il a pu lancer toutes les semaines des alarmes réactionnaires, qu'elle se passera désormais de ses services. Car, juge LCI, où ses proférations sur les migrants ou les musulmans n'avaient jamais suscité le moindre trouble, il est sorti cette fois des limites du « débat d'idées argumenté et respectueux ».

Aussitôt, Finkielkraut, efficacement secondé dans cet élan par la presse de droite et d'extrême droite, se pose en victime et se répand en récriminations. Dans *Le Point*, qui s'empresse de lui ouvrir ses pages, il se plaint d'abord, le 19 janvier 2021, d'avoir fait les frais d'une manipulation, et soutient que des commentateurs mal intentionnés lui ont fait dire ce qu'il n'avait pas dit[1]. C'est inexact. Dans la réalité, il a bel et bien tenu – comme toujours – les propos qui lui sont reprochés.

Puis, manifestement inconscient que le seul fait que *Le Point* lui offre une telle tribune dit toute l'inanité de cette lamentation – où il reconnaît toutefois qu'il a jusqu'alors bénéficié du constant soutien de journalistes qui s'empressaient, après chacune de ses saillies problématiques, de lui offrir des droits de réponse à ses rares contradicteurs –, il explique : « Lors de mes précédentes mises en cause, les micros se tendaient, on me demandait de m'expliquer. Après mon renvoi brutal de LCI, en revanche, aucune matinale, aucun talk-show, comme on dit depuis que le français est une langue morte, ne m'ont invité. Silence radio, c'est le cas de le dire. Ne pouvant laisser la manipulation occuper toute la place, j'ai donc écrit une

1. « Alain Finkielkraut : "J'ai été naïf en oubliant que les réseaux sociaux font la loi" », *Le Point*, 19 janvier 2021.

tribune pour rétablir mon honneur et la vérité. Elle a été refusée partout. »

Le même jour, l'hebdomadaire *Valeurs actuelles*, qui consacre sa couverture à une tapageuse dénonciation du « scandale de la nouvelle censure » imposée par le « progressisme totalitaire », publie un long article consacré au calvaire de « Finkie, le nouveau maudit ». Lequel, pour avoir donné un avis « contraire à l'air du temps » sur l'affaire Olivier Duhamel, se trouve, selon ce magazine, « chassé par la meute » et précipité dans une « machine à broyer qui s'apprête à le dévorer ». Puis de se désoler, après avoir déploré que les soutiens de Finkielkraut se fassent rares, qu'« au nom d'un progressisme angélique qui se gargarise de la censure, on châtie moralement un académicien-philosophe, son œuvre et sa pensée ». Et d'insister : « Derrière la polémique » liée à ses propos sur la victime d'un prédateur sexuel, « c'est le personnage Finkielkraut que la bien-pensance souhaite effacer de la carte. [...] Il est une des cibles préférées de cette gauche. Encore plus depuis qu'il critique sévèrement les nouvelles féministes. »

Dans la vraie vie, personne ne souhaite « broyer » ou « effacer » le philosophe, qui, de fait, reprendra très rapidement le chemin des plateaux de télévision et des studios de radio. Mais ces outrances permettent – une fois de plus – à une publication réactionnaire de présenter comme liberticide l'expression d'une contradiction ou d'une indignation.

La directrice du mensuel réactionnaire *Causeur*, dont l'intéressé est un contributeur régulier, dénonce quant à elle la censure qui « prive le public du questionnement exigeant d'un penseur » admirable, et postule que Finkielkraut, dont la seule faute serait d'avoir voulu véritablement « comprendre un acte inexcusable », est, dans cette affaire où ni la victime ni son agresseur ne se sont exprimés, un « coupable de substitution idéal »[1]. Quelque chose comme une victime expiatoire.

Quelques jours plus tard, cette même journaliste donne à son tour la parole à l'académicien, qui, dans un long entretien, se plaint de nouveau du « moment de silence » – c'est-à-dire, selon sa logique, de censure – auquel il a, soutient-il, « été contraint face à [des] accusations délirantes », puis qui assène,

1. « Finkielkraut, coupable de substitution idéal », par Élisabeth Lévy, *Causeur*, 15 janvier 2021.

décidément exaspéré par ces quelques heures durant lesquelles, pour la première fois de son existence, il n'a pas disposé aussi rapidement qu'il le souhaitait d'un accès illimité à la presque totalité de la presse et des médias : « Aujourd'hui, c'est le pouvoir médiatique qui est liberticide. »

Enfin, *Causeur* publie un appel, signé par une quinzaine de personnalités – dont les philosophes Marcel Gauchet et Pierre Manent –, « contre la tyrannie de l'émotion »[1]. Ses auteurs, qui voient dans « l'éviction d'Alain Finkielkraut de LCI un signe des temps, et un très mauvais signe », écrivent, dans ce qui ressemble d'assez près à un début d'aveu de la colère dans laquelle les plonge l'obligation de devoir désormais partager l'espace public avec quelques indésirables : « Nous ne voulons pas d'une société terrorisée par quelques escouades numériques, ni d'un débat public rythmé par les dénonciations, exclusions et bannissements. »

Un tel souci honore ces signataires. Mais ne seraient-ils pas plus crédibles s'ils avaient fait preuve du même attachement à la sérénité de

1. « Notre appel contre la tyrannie de l'émotion », *Causeur*, 2 février 2021.

ce débat quand, par exemple, le philosophe dont ils prennent ici la défense lançait des anathèmes contre Greta Thunberg ?

« Lacrymalocratie »

Les temps changent, donc, sous l'effet notamment d'un nouvel accès du plus grand nombre à ce débat public dont la minorité qui l'a si longtemps confisqué déplore l'élargissement à des catégories non autorisées. Ce qui naguère « passait » encore facilement – fût-ce au prix, dans certains cas, de quelques rares protestations rapidement étouffées – n'est plus si facilement toléré. Et cela provoque, on le constate, une sévère crispation de ceux qui, après s'être longuement montrés plutôt indulgents envers des agresseurs et plutôt indifférents aux souffrances de leurs victimes, en viennent désormais à présenter comme une « dictature de l'émotion » l'attention nouvelle portée à ces dernières. Car le mensuel *Causeur* n'est pas seul, loin s'en faut, à s'émouvoir de ce prétendu totalitarisme.

L'hebdomadaire *Le Point*, dont l'éditorialiste et ancien directeur Franz-Olivier Giesbert se pose pourtant lui-même, et depuis des années, en victime de la « bien-pensance », s'alarme lui aussi de « l'omniprésence » de ce qu'il appelle une « culture victimaire », visible notamment dans le fait qu'Audrey Pulvar, candidate socialiste aux élections régionales de 2021, a défendu le droit « pour des “personnes discriminées” de se réunir pour partager leurs expériences » dans des réunions non mixtes, durant lesquelles un Blanc n'ayant pas vécu la discrimination pourrait rester « spectateur silencieux ». Bien entendu, *Le Point* tait, lorsqu'il fustige cette non-mixité, que la corporation journalistique est la première à étouffer des voix minoritaires. Et se garde bien de rappeler, par exemple, que lorsque son fondateur, Claude Imbert, affichait publiquement son aversion pour l'islam, les musulmans victimes de cette attaque n'avaient guère d'accès aux médias où il se répandait en anathèmes, et ne pouvaient par conséquent pas lui répondre.

Plus radical encore, *Le Figaro*, où « la victimisation » est regardée par Ivan Rioufol comme un « passeport pour le pouvoir », ne dédaigne pas de publier aussi, entre deux chroniques d'un collaborateur condamné pour provocation à la haine raciale ou religieuse – Éric Zemmour, pour ne pas le nommer –, une tribune dénonçant dans ce « règne de la victimisation » l'avènement de la « lacrymalocratie, le régime où les victimes sont reines »[1].

Tout soudain, ces mêmes titres qui, pendant des années, ont publié de vibrants éloges d'un Gabriel Matzneff parce qu'ils trouvaient tout à fait délicieux le récit qu'il faisait de ses prédations, et dont des collaborateurs ont si longuement dit, publiquement, la défiance – ou le rejet – que leur inspirait l'islam, mais qui jamais au grand jamais ne se sont préoccupés de l'effet produit par ces pratiques journalistiques, se mobilisent pour discréditer la parole des victimes. Pour la présenter comme une oppressante jérémiade, non sans suggérer au passage qu'elle n'est sans doute pas complètement désintéressée, puisqu'elle est,

1. « Bienvenue en Lacrymalocratie, le régime où les victimes sont reines », Fatiha Boudjahlat, *Le Figaro*, 20 novembre 2018.

selon *Le Figaro*, un « passeport » permettant d'accéder à des positions de pouvoir. Une fois de plus, la réalité se trouve renversée, mais ses renverseurs, pris d'anxiété devant l'évidence que leurs voix ne sont plus les seules à porter, ajoutent cette fois un nouveau raffinement à ce retournement : leur indifférence aux victimes se double désormais d'une dénonciation de la « tyrannie » qu'elles exerceraient.

Célébrer Maurras

Lorsqu'il était président de la République, François Mitterrand – qui se complaisait par ailleurs dans la proximité de l'ex-collaborateur René Bousquet, responsable à Paris et dans le sud de la France de l'arrestation de dizaines de milliers de Juifs qui ont ensuite été déportés – a fait fleurir tous les ans, jusqu'en 1993, la tombe du maréchal Pétain sur l'île d'Yeu. Trois décennies plus tard, de tels empressements ne sont plus si docilement acceptés.

En 2018, un an après l'élection d'Emmanuel Macron à la présidence de la République, sa ministre de la Culture de l'époque, Françoise Nyssen, rédige une préface pour le recueil dans lequel le Haut Comité aux commémorations nationales publie chaque année les portraits commémoratifs, « rédigés par des spécialistes incontestés de la matière concernée », des personnalités dont l'État français souhaite « célébrer » – ce mot est celui que la ministre emploie – la mémoire.

Stupeur, cette longue liste comprend, cette année-là, le nom de Charles Maurras, inventeur du « nationalisme intégral » et chantre de l'antisémitisme d'État né cent cinquante ans plus tôt, en 1868, mais aussi celui de l'écrivain collaborationniste Jacques Chardonne, décédé en 1968. Surprise supplémentaire, les notices consacrées à ces deux personnages, dont le Haut Comité soutient donc qu'elles ont été écrites par des spécialistes reconnus, passent sous silence leur antisémitisme rabique. Le portrait de Maurras, qui se félicitait au mois d'octobre 1940 de ce qu'« un très heureux concours de circonstances » ait permis que le statut des Juifs promulgué par Vichy coïncide « avec la mise sous séquestre et par suite la confiscation probable d'un certain nombre de capitaux appartenant à de grands Juifs fugitifs », présente ce raciste fanatique comme une « figure emblématique et controversée » : sa haine des Juifs est purement et simplement occultée.

Quant au portrait de Chardonne, présenté comme un « styliste délicat, doté d'un rare sens des nuances » et dont le « thème principal d'inspiration est l'amour », il tait que ce raffiné prosateur a été un fervent promoteur de la collaboration avec l'Allemagne nazie – et l'auteur, notamment, dans une lettre rédigée au mois de novembre 1940, de ces explicites considérations : « Pétain est le seul grand. Je le trouve sublime. Je vomis les Juifs [...]. C'est une grande date que 1940. »

Devant les protestations que soulève le projet de « célébration » étatique de ces deux prêcheurs de haine, Françoise Nyssen décide finalement de l'annuler, au grand dam de certains commentateurs, toujours les mêmes, qui s'insurgent contre cette rétractation.

Dans *Le Figaro*, Éric Zemmour s'emporte contre cette décision de ne pas commémorer officiellement la naissance de Maurras, qui a passé sa vie à vitupérer contre les Juifs, les protestants, les francs-maçons et les étrangers, et qui en 1944 dénonçait encore « le rôle joué par la juiverie internationale des deux mondes entre Moscou, Londres et New York ». Dans ce renoncement, explique Zemmour,

« l'inculture fait la paire avec le sectarisme ». Sur France Culture, où il continue d'animer une émission hebdomadaire, Alain Finkielkraut se montre plus circonspect. Il ne « saurai(t) dire » si la ministre de la Culture a eu raison ou tort de prêter l'oreille à ceux qui jugeaient indigne la célébration d'un champion de l'antisémitisme. Mais il ajoute : « Une chose est sûre, en tout cas. Si nous voulons comprendre quelque chose au passé français, l'œuvre et l'action de Maurras ne doivent pas tomber dans l'oubli. » Cela tombe bien, car dans la réalité, personne, contrairement à ce que suggère ici l'académicien, n'a suggéré que le souvenir de cette vie dédiée à la promotion de la haine raciale et religieuse soit complètement effacé. Il n'a nullement été question de censure, il a seulement été demandé qu'un antisémite ne fasse pas l'objet d'une célébration républicaine.

Fin de la séquence ? Pas tout à fait.

Honorer Pétain

Quelques mois après que la polémique autour du projet de célébration de la naissance de Maurras s'est éteinte, Emmanuel Macron annonce, au mois de novembre 2018, qu'il compte rendre hommage, dans le cadre du centième anniversaire de l'armistice de 1918, et en même temps qu'à d'autres chefs militaires français de la Première Guerre mondiale, au « grand soldat » Pétain. Mais cela non plus ne passe plus, et ce projet provoque un tollé. Dans son émission, Alain Finkielkraut – encore lui – que cette nouvelle controverse ne laisse bien sûr pas indifférent constate, le 17 novembre, que l'annonce présidentielle a déclenché « un incendie », et cite, pour illustrer ce propos, une déclaration du président du Conseil représentatif des institutions juives de France (CRIF), selon qui « honorer Pétain c'est nier la responsabilité de la France dans la déportation des Juifs ». Puis l'académicien demande leur avis à ses hôtes.

Le premier de ces deux invités est le philosophe Paul Thibaud, qui s'emporte : « Nous jugeons le passé ! De quel droit ? » Ce penseur éminent délivre ensuite cette sentence : « Il y a quelque chose, là, d'absolument illégitime. Et c'est malheureusement symptomatique d'une maladie, je ne dirais pas mentale, mais morale du monde où nous vivons. » La preuve ? « En 1968, pour le cinquantième anniversaire, le général de Gaulle a rendu hommage à Pétain sans scrupule et sans réticence », explique Paul Thibaud, qui ne dit mot des protestations des familles des victimes du régime de Vichy. Cette démonstration ravit le second invité d'Alain Finkielkraut, qui se trouve être Éric Zemmour – le monde est petit, décidément.

Le journaliste – oubliant passagèrement que lui-même n'a de cesse de présenter ses adversaires politiques comme les descendants en droite ligne des communistes staliniens du siècle dernier, à propos desquels il formule régulièrement des propos peu amènes – le confirme : « L'arrogance de notre époque de [sic] juger en permanence les hommes du passé est effectivement scandaleuse. » Et d'ajouter : « Le Pétain de 1916 et de 1917 à Verdun, qui arrête les Allemands et qui restaure le moral d'une armée française en piteux état, les caractéristiques morales et mentales sont les mêmes en 1940. » Sous-entendu : en honorant le général de la Première Guerre mondiale, comme Zemmour souhaite qu'il le fasse, Emmanuel Macron rendrait aussi un hommage implicite au maréchal de 1940.

Alain Finkielkraut, enthousiaste, synthétise les propos de ses deux interlocuteurs : « C'est un des paradoxes du devoir de mémoire que d'être aujourd'hui un vecteur d'oubli, car on voudrait effacer Pétain de la photo. » Zemmour opine, dans une allusion aux retouches par lesquelles le régime soviétique faisait disparaître de l'iconographie officielle les personnalités tombées en disgrâce : « Comme Trotski avec Staline. » On l'aura compris, ce dernier échange permet principalement à l'académicien et à son hôte d'extrême droite de suggérer, sans l'énoncer distinctement, que les protestataires qui dénoncent le projet présidentiel de célébration de Pétain en « grand soldat » sont eux aussi les héritiers des pratiques totalitaires du stalinisme.

Surtout, il offre à Alain Finkielkraut la possibilité d'énoncer sur France Culture, où personne ne songe donc à limiter sa liberté de dire et de laisser dire des absurdités, une nouvelle contrevérité en tout point semblable, cela vaut d'être souligné, à celle qu'il avait produite quelques mois plus tôt, et au même endroit, dans son commentaire de l'annulation de la célébration du cent cinquantième anniversaire de la naissance de Charles Maurras. Et de dénoncer encore une fois une censure complètement imaginaire. Puisqu'en effet, contrairement à ce qu'il soutient lorsqu'il prétend qu'« on voudrait effacer Pétain de la photo », personne – absolument personne – n'a demandé un tel effacement. Les voix qui se sont élevées contre l'intention d'Emmanuel Macron ont seulement demandé, et c'est tout à fait différent, que l'homme de la collaboration avec l'Allemagne nazie ne soit ni honoré, ni présenté comme un « grand soldat » dont la compromission de 1940 pourrait être contrebalancée par un passé présenté comme glorieux.

Ces échanges entre l'académicien et ses invités sont pourtant intéressants, pour ce qu'ils confirment. En effet, ils disent à quel point l'irruption dans le débat public d'une nouvelle contestation, favorisée par l'extraordinaire amplificateur que sont les réseaux sociaux où circulent désormais des analyses et des travaux novateurs et constestataires, déstabilise les tenants de l'ordre médiatique qui interdisaient auparavant cette parole, ou qui, en lui octroyant de loin en loin de minuscules espaces, la circonscrivaient à leur bon vouloir. L'offuscation de ces commentateurs professionnels qui passent leur temps à juger de tout et de tous, mais qui tout à coup se scandalisent que d'autres qu'eux usent également de leur droit d'examiner et parfois juger le passé – mais tout aussi bien le présent –, et leur empressement à présenter ce nouvel usage comme une pathologie – à tout le moins « morale, sinon mentale », comme l'énonce Paul Thibaud – est un puissant révélateur. C'est décidément leur magistère que ces parleurs autorisés voient ainsi s'échapper, et c'est assurément le contrôle qu'ils exerçaient sur la discussion publique qui est soudainement remis en question. Ce sont les victimes – ici, de l'antisémitisme et du pétainisme – qui s'expriment enfin, pour dire des réalités et des ressentis qui ont été longtemps occultés. Car il faut également y insister : tout ce qui a pu être impunément dit par ceux-là mêmes qui se plaignaient d'être censurés par la bien-pensance et le politiquement correct l'a été aux dépens et au détriment de victimes dont la parole a, elle, été effectivement interdite ou drastiquement limitée, en même temps qu'elle était disqualifiée comme « victimaire ».

Lorsqu'un éditorialiste a publiquement déclaré son islamophobie en suggérant mensongèrement que le droit de la proclamer lui était refusé, lorsqu'un futur académicien a publiquement soutenu un prosateur qui regrettait que les Juifs fussent si nombreux, à certaines heures, « sur un poste national », lorsque ce même parleur, lancé lui aussi dans des comptages sordides, a dit que l'équipe de France de football faisait ricaner toute l'Europe parce qu'elle était « black, black, black » : ce sont les victimes de l'antisémitisme, de l'islamophobie et du racisme qui ont été sacrifiées à la liberté d'expression de ces imprécateurs. Car elles n'ont bien sûr pas disposé du même accès aux tribunes médiatiques du haut desquelles ces derniers lançaient leurs vociférations. Mieux – ou pis, selon le point de vue depuis lequel on envisage cette confondante réalité – ce sont ces vociférateurs qui ont bien souvent reçu, lorsque de rares voix se sont élevées pour dénoncer leurs proférations, de l'aide de certains médias.

Dans le cas du soutien apporté à Roman Polanski, à Gabriel Matzneff ou à Olivier Duhamel, ce remplacement d'une réalité par une autre a peut-être été plus net encore, puisqu'en même temps que leurs victimes se trouvaient dépouillées de ce statut, par la répétition, notamment, de l'argument tout à fait obscène selon lequel elles n'étaient pas des « enfants », ces agresseurs étaient eux-mêmes portraiturés en victimes d'une opinion publique dont l'élan, soudainement, n'était plus canalisé par les détenteurs de la parole autorisée. Mais jamais au grand jamais, la presse et les médias n'ont dénoncé là une quelconque « tyrannie de l'émotion », la moindre « omniprésence d'une culture victimaire », ni bien sûr la moindre « lacrymalocratie ».

Ne nous y trompons pas, cependant : ces procédés de disqualification de la parole des premiers concernés ne sont pas circonscrits à quelques académiciens, journalistes et essayistes. Ils sont prisés aussi, comme nous le verrons, au plus haut sommet de l'État français.

La honte

Le 28 février 2020 au soir, le réalisateur Roman Polanski, dont les défenseurs vont répétant qu'il serait « persécuté », se voit pourtant décerner, au cours de la grand-messe annuelle du cinéma français – et en dépit de l'émotion soulevée par l'annonce de sa nomination pour ce prix – le César de la meilleure réalisation pour son nouveau film, *J'accuse*. L'actrice Adèle Haenel, scandalisée, se lève et, suivie par une centaine de personnes, quitte la salle où se déroule la cérémonie, en criant : « Quelle honte ! »

Dans les semaines qui suivent, d'autres personnalités disent également leur écœurement, mais pour de tout autres raisons. Dans *Le Figaro*, Alain Finkielkraut, oubliant semble-t-il l'époque où il accusait les contradicteurs de Renaud Camus de dénoncer « un racisme imaginaire », dénonce ainsi, avec sa tempérance coutumière, « l'effroyable soirée des Césars », et suggère que cette cérémonie « placée sous le signe de la libération des femmes » n'était pas seulement dédiée, selon ce qu'il en a retenu, à la fustigation du « mâle blanc occidental », mais aussi à celle des Juifs.

Quelques jours plus tard, l'essayiste Pascal Bruckner, qui était invité à la soirée des Césars, affirme quant à lui, dans *Le Point* et beaucoup plus nettement, qu'il a alors assisté « au naufrage de la pensée et à la naissance d'un nouvel antisémitisme ». Il écrit en effet qu'il a « eu le sentiment de vivre en direct le premier pogrom "féministe" de la France d'après-guerre », durant lequel les pasionarias qui ont protesté contre la récompense décernée à Polanski ont ainsi et selon lui trouvé un bouc émissaire en la personne d'« un petit Juif polonais, citoyen français, qui a échappé à toutes les persécutions », et notamment à « celle des nazis » et à celle « des staliniens ».

C'est donc formulé distinctement, dans une presse qui dénonce régulièrement une prétendue dictature de la bien-pensance et une soi-disant tyrannie victimaire, mais où ces propos ne provoquent aucune réaction : les féministes qui ont mal vécu l'hommage rendu par la « grande famille » du cinéma hexagonal à un réalisateur accusé de plusieurs viols sont quasiment des pogromistes.

Victimes

Le 23 décembre 2020, l'hebdomadaire *L'Express* publie une très longue interview du chef de l'État français, dans laquelle celui-ci « se livre de façon inédite ». Il y tient aussi des propos étonnants, deux ans après que sa ministre de la Culture de l'époque a dû renoncer au projet de célébration de la naissance de Charles Maurras, et que lui-même a dû se résoudre à ne pas honorer la mémoire du « grand soldat » Pétain.

C'est à ce dernier épisode que se réfère explicitement la journaliste qui mène l'« entretien fleuve » lorsqu'elle lui pose cette longue question, quelque peu tendancieuse : « Le peuple français [...] n'est-il pas aussi en train de sombrer dans un manichéisme inquiétant dont la conséquence principale serait une forme de censure ? En 2018, vous avez déclenché une polémique en qualifiant Pétain de “grand soldat” pendant la Première Guerre mondiale. Mitterrand avait fait fleurir jusqu’en 1992 sa tombe, Chirac lui avait rendu hommage pour le 90e anniversaire de la bataille de Verdun, sans parler évidemment de De Gaulle. Pourquoi, selon vous, même notre histoire ne semble-t-elle plus avoir le droit d’être ambivalente, d’avoir des zones grises ? »

Emmanuel Macron, saisissant habilement la perche qui lui est ainsi tendue, fait cette non moins longue réponse : « Parce que nous sommes entrés dans une société de l’émotion permanente et donc de l’abolition de toute acceptation de la complexité. Nous sommes devenus une société victimaire et émotionnelle. La victime a raison sur tout. Bien sûr, il est très important de reconnaître les victimes, de leur donner la parole, nous le faisons. Mais dans la plupart des sociétés occidentales, nous assistons à une forme de primat de la victime. Son discours l’emporte sur tout et écrase tout, y compris celui de la raison. Par conséquent, celui qui a tenu un discours antisémite ou a collaboré tombe forcément dans le camp du mal radical. Je combats avec la plus grande force l'antisémitisme et le racisme, je combats toutes les idées antisémites de Maurras, mais je trouve absurde de dire que Maurras ne doit plus exister. Je me suis construit dans la haine, dans le rejet de l'esprit de défaite et de l'antisémitisme de Pétain, mais je ne peux pas nier qu'il fut le héros de 1917 et un grand militaire. On doit pouvoir le dire. À cause de la société de l'indignation, qui est bien souvent de posture, on ne regarde plus les plis de l'Histoire et on simplifie tout. C'est très dangereux, tout le monde parle en permanence mais personne ne débat vraiment. Ça s'entrechoque, c'est émotion contre émotion. Il faut accepter les complexités des vies, des destins, des hommes. »

On le constate, le chef de l'État fait mine, ici, de ne pas savoir que, contrairement à ce qu'il prétend, personne, en 2018, n'a décrété que Maurras ne devait « plus exister ». La réalité, sensiblement différente, est que des voix se sont élevées pour demander que la République s'abstienne de célébrer la mémoire de l'idéologue raciste qui, au mois de juin 1944, vitupérait encore dans *L'Action française* contre ce qu'il appelait « la juiverie ».

Mais le plus étonnant, dans la réponse qu'Emmanuel Macron fait à *L'Express* (qui ne les relève pas), tient dans les deux petits mots – « par conséquent » – qu'il emploie lorsqu'il déplore que la victime ait aujourd'hui « raison sur tout », que « son discours l'emporte sur tout et écrase tout, y compris » le discours « de la raison », et que « par conséquent, celui qui a tenu un discours antisémite ou a collaboré tombe forcément dans le camp du mal radical ». Car qui est ici « la victime » ? Qui se trouve accusé de se complaire dans une dialectique « victimaire et émotionnelle », loin de « la raison » ?

Il s'agit, comme l'indique la suite de l'explication du président, où il mentionne explicitement ces deux personnages – et ces deux-là seulement –, de « la victime » de Maurras et de Pétain. Il parle donc d'abord, dans le contexte de sa réponse, des victimes de l'antisémitisme et de la Collaboration. Il parle, pour le dire autrement, des Juifs contre lesquels Maurras a lancé jusqu'en 1944 des appels à la haine, et dont Pétain a organisé la déportation. Il est nécessaire de le préciser, et de reconstituer la démonstration d'Emmanuel Macron en en tenant compte.

En effet, cette précision dit que ce qu'il déplore est que « le discours de ces victimes écrase tout », et que « par conséquent » Maurras et Pétain – et leurs complices et autres suiveurs – « tombent forcément dans le camp du mal ». En d'autres termes, Emmanuel Macron reproche à ces victimes de trop s'émouvoir des atrocités qu'elles ont subies.

Mais ce n'est bien sûr pas parce que ces victimes – celles, du moins, qui ont survécu à la haine antisémite et à la déportation – témoignent de ce qu'elles ont enduré, que Maurras et Pétain (dont on discerne mal quel « discours de raison » pourrait les exonérer de ces abominations) sont dans le camp du mal. Ces deux personnages sont dans le camp du mal parce qu'ils ont encouragé et organisé la persécution (notamment) des Juifs, dont les témoignages sont précisément cela : des témoignages – et non, comme le suggère Emmanuel Macron, une posture victimaire.

Ces victimes ont effectivement « raison » sur le fait qu'elles sont effectivement des victimes et leur « discours » doit effectivement « l'emporter sur tout » ce qui pourrait, d'une manière ou d'une autre, minimiser cette réalité, et qui porte un nom : négationnisme. Emmanuel Macron devrait peut-être se montrer plus circonspect lorsqu'il suggère qu'il faudrait en finir avec « le primat de la victime » : primat sur qui, et sur quoi ?

De même, il pourrait s'obliger à plus de pondération lorsqu'à mots à peine couverts il laisse entendre que les rescapés de l'horreur vichyste en font – et en disent – peut-être un peu trop, quand ils refusent par exemple d'adhérer à l'idée que leurs bourreaux auraient aussi été de grands hommes, envers qui la patrie pourrait malgré tout se montrer reconnaissante. Et lorsqu'en somme, dans ce qui ressemble d'assez près à un dérèglement de la réalité, il dégrade en « émotions » mal contrôlées le souvenir d'atroces souffrances – et en « posture » le témoignage de ce qu'elles ont été.

« *Cancel culture* »

Le tout début des années 2020 se trouve, répétons-le, marqué par l'installation dans le débat public d'une parole qui a longtemps été contenue et qui, portée par des figures actives sur les réseaux sociaux, vient désormais saper le magistère de ceux qui jusque-là la contrôlaient. Il s'agit bien sûr de la parole des victimes d'agressions et de discriminations, et de ceux dont le premier mouvement est, plutôt que de les disqualifier, d'écouter ce qu'elles ont à dire. Leurs contempteurs, déstabilisés par cette conquête d'une véritable liberté d'expression par ceux-là mêmes qui en ont si longtemps été privés, redoublent donc d'ardeur dans la dénonciation de censures imaginaires, et trouvent des anglicismes – il faudrait plutôt parler ici d'étasunismes – pour dire qu'« on ne peut plus rien dire ». Ils invoquent désormais l'emprise de la « *cancel culture* », et, plus encore, du « wokisme ».

Le 1er octobre 2020, l'hebdomadaire *L'Express* consacre ainsi sa couverture, et un dossier de sept pages, à la dénonciation de la « *cancel culture* », présentée comme « la nouvelle censure ». Cette « culture de l'annulation » – puisque telle est la traduction littérale de cet idiotisme – prétendument importée des États-Unis vise, selon le magazine, « à ruiner la carrière de personnes, soit en raison de comportements privés avérés ou supposés, comme pour Roman Polanski [...], soit à cause de déclarations publiques jugées problématiques ». Pour ce faire, elle use « du boycott, de l'humiliation, de la mise au pilori ». Mais ce n'est pas tout, puisque la « *cancel culture* », ajoute *L'Express*, « c'est aussi la déprogrammation d'événements », comme « une représentation des *Suppliantes* d'Eschyle à la Sorbonne et une conférence de la philosophe Sylviane Agacinski », deux épisodes sur lesquels nous reviendrons.

L'hebdomadaire donne la parole à Laure Murat, historienne à l'université de Californie à Los Angeles et excellente connaisseuse de ces questions, qui livre un point de vue beaucoup plus nuancé sur ce phénomène. Elle explique : « Sur le principe, il s'agit ni plus ni moins de lancer des alertes et de boycotter, ce qui est un droit politique. Telle entreprise utilise des slogans racistes ? Annulons-la ! Telle personnalité a eu des propos homophobes ? Annulons-la ! Ce raccourci signifie : soyez responsable de ce que vous faites et assumez ce que vous dites ou nous vous retirons notre soutien, ce qui est notre seul pouvoir. Avec des méthodes radicales, souvent contestables, comme le cyberharcèlement ou le tribunal médiatique. »

La réalité est donc fort différente de ce que prétend *L'Express*, puisque la « *cancel culture* » peut être considérée, non comme une censure, mais comme une façon, pour toute personne exposée – ou sensible – à des avanies liées par exemple au genre ou à la race, mais qui ne disposerait pas des moyens de se faire entendre autrement, de confronter à leur responsabilité les auteurs d'actes ou de propos discriminatoires. Mais rien n'y fait, pour *L'Express*, cette « nouvelle forme d'ostracisme menace la liberté d'expression », et cette inquiétude est largement partagée au sein de la presse traditionnelle.

Occultations

Le 6 octobre 2021, soit cinq jours après la publication du dossier de *L'Express*, le quotidien *L'Opinion* fustige quant à lui une « mouvance décoloniale qui traverse tout l'enseignement supérieur », et dont les « militants sont à l'œuvre pour interdire à la philosophe Sylviane Agacinski d'exprimer à la fac de Bordeaux Montaigne son opposition à la PMA pour toutes », et se mobilisent « pour s'opposer à la représentation de la pièce d'Eschyle *Les Suppliantes* ».

Pour solidifier son propos, *L'Opinion* produit parmi quelques autres un témoignage à charge de la philosophe Monique Canto-Sperber, qui soutient qu'il y a dans « cette mouvance très puissante » des « gens ultra-sectaires persuadés d'avoir raison sur tout ». Et le quotidien ajoute que cette éminente intellectuelle « fut elle-même, en 2011, la cible d'une violente polémique alors qu'elle présidait » l'École normale supérieure (ENS) de la rue d'Ulm, à Paris. Mais curieusement, le journal ne dit rien de plus de cet épisode, dont il suggère pourtant qu'il était représentatif de l'arbitraire qu'il impute aux militants de la mouvance porteuse de ce qu'il appelle une « culture de l'excommunication ». Ce laconisme, que l'on se gardera bien sûr d'assimiler à de la censure, est regrettable. Car, que s'est-il vraiment passé à l'ENS en 2011 ?

Il s'est passé que Monique Canto-Sperber, directrice, à l'époque, de ce vénérable établissement, a purement et simplement annulé, cette année-là, la tenue prévue de longue date dans ses locaux d'une conférence sur Israël à laquelle devaient participer de nombreuses personnalités, parmi lesquelles l'ancien résistant Stéphane Hessel. Et c'est cette déprogrammation qui a effectivement soulevé de virulentes protestations, et provoqué une assez vive polémique.

De sorte que cette singulière dénonciatrice de la « *cancel culture* » a elle-même été l'instigatrice de l'annulation pure et simple d'une conférence. Il est regrettable que *L'Opinion* ne rappelle pas ce détail biographique. Mais le plus étonnant est que, pour malheureuse qu'elle soit, cette imprécision journalistique n'est pas exceptionnelle. Ainsi, deux des épisodes mobilisés par *L'Express* et *L'Opinion* pour documenter leurs articles dénonçant une nouvelle censure – l'annulation d'une intervention d'une philosophe à Bordeaux, et la déprogrammation d'une pièce de théâtre à la Sorbonne – ont eux aussi été rapportés de façon incomplète par ces deux publications.

Une conférence de Sylviane Agacinski a effectivement été annulée par l'université Bordeaux Montaigne après que plusieurs associations étudiantes avaient protesté contre l'invitation de cette philosophe notoirement opposée à l'ouverture de la procréation médicalement assistée (PMA) pour toutes les femmes. Mais cette annulation est intervenue après que les organisateurs de cette conférence avaient proposé à l'intéressée de la transformer en débat, ce que Sylviane Agacinski avait refusé en arguant qu'elle n'entendait pas « discuter avec des gens qui voulaient [l']insulter ». Malheureusement, ni *L'Express*, ni *L'Opinion* n'ont jugé utile de livrer à leurs lecteurs cette dernière précision, qui est pourtant de quelque importance.

De la même façon, il est parfaitement vrai que la représentation d'une pièce d'Eschyle, *Les Suppliantes*, qui devait être jouée à la Sorbonne, a été empêchée par des manifestants qui protestaient contre l'usage de masques et de maquillages noirs par des acteurs blancs. Mais il est tout aussi vrai que cette pièce a finalement été jouée quelques jours plus tard, et que ni *L'Express*, ni *L'Opinion* n'ont considéré qu'il était nécessaire de mentionner ce dénouement.

Ces occultations ne sont pas neutres. C'est parce qu'elles contribuent à l'installation dans le débat public de l'idée selon laquelle la France serait gangrenée par une culture de l'annulation que l'écrivain Frédéric Beigbeder peut par exemple décréter à son tour, dans *Le Figaro*, et avec beaucoup d'aplomb, que « le délire de censure vient de la *cancel culture* ».

Là non plus, les médias ne sont pas seuls à s'emballer. Et là encore, l'exemple de certains déportements vient aussi du plus haut sommet de l'État.

« Complicités intellectuelles »

En ce même mois d'octobre 2020, quelques jours après l'abominable assassinat d'un professeur d'histoire-géographie de Conflans-Sainte-Honorine par un djihadiste, Jean-Michel Blanquer, ministre de l'Éducation nationale d'Emmanuel Macron, fustige ainsi, dans le cours d'un entretien avec une journaliste d'Europe 1, ce qu'il appelle les « complicités intellectuelles du terrorisme ».

Il assène : « Ce qu'on appelle l'islamo-gauchisme fait des ravages. Il fait des ravages à l'université, […] il fait des ravages quand dans les rangs de La France insoumise vous avez des gens qui sont de ce courant-là et s'affichent comme tels. Ces gens-là favorisent une idéologie qui ensuite, de loin en loin, mène au pire. »

Ce ministre lance donc contre des universitaires et contre un parti politique d'opposition cette accusation extraordinairement grave : ils seraient, par leurs prises de position – dont cet éminent personnage ne précise évidemment pas en quoi elles seraient si dangereusement problématiques –, des complices intellectuels du terroriste qui vient alors d'assassiner un enseignant.

Deux jours plus tard, dans *Le Journal du dimanche*, Jean-Michel Blanquer, réitérant ses attaques, détaille encore sa pensée dans cette longue tirade, où il s'en prend nommément au journaliste Edwy Plenel, fondateur du site Mediapart et auteur, notamment, d'un livre en forme de plaidoyer contre l'islamophobie : « Il y a, assure le ministre, un combat à mener contre une matrice intellectuelle venue des universités américaines et des thèses [...] qui veulent essentialiser les communautés et les identités, aux antipodes de notre modèle républicain [...]. Cette réalité a gangrené notamment une partie non négligeable des sciences sociales françaises, je défie quiconque de me dire le contraire. Certains font ça consciemment, d'autres sont les idiots utiles de cette cause. [...] Ça se constate aussi dans le monde médiatique, où un homme comme Edwy Plenel déploie méthodiquement une stratégie de conquête des esprits dont le ressort collectif est la haine de soi. »

Le vocable « islamo-gauchisme » – formé sur le modèle du mot composé « judéo-bolchevisme », inventé par la droite nationaliste au début du vingtième siècle – ne figure bien sûr dans aucun dictionnaire. Il a été forgé par des idéologues pour discréditer quiconque s'insurge, au sein de la gauche antiraciste, contre la discrimination à l'égard des musulmans. Lorsqu'il évoque l'islamo-gauchisme, Jean-Michel Blanquer use donc, en conscience, d'une expression dont il ne peut ignorer qu'elle est lourdement connotée, et qu'elle n'est utilisée que pour disqualifier des contradicteurs.

Ce ministre, dans ses interventions du mois d'octobre 2020, s'inscrit du reste pleinement dans cette entreprise de disqualification quand il présente entre autres Edwy Plenel, dont le seul tort est de s'être publiquement élevé contre l'islamophobie et le racisme, comme un agitateur incitant ses lecteurs à la « haine de soi », c'est-à-dire comme un activiste antifrançais.

En incriminant aussi – mais sans produire là non plus le moindre élément probant à l'appui de ses accusations – « une partie non négligeable des sciences sociales françaises », Jean-Michel Blanquer va d'autre part très au-delà du dénigrement de ces enseignants et de ces chercheurs : il suggère également, lorsqu'il prétend qu'ils sont « gangrenés » par une prétendue « matrice intellectuelle » présentée comme antirépublicaine – c'est-à-dire, là encore, comme antifrançaise –, qu'il conviendrait de leur administrer un traitement de choc pour les guérir de ce mal, qui dans ses formes les plus graves se soigne, comme on sait, par l'amputation.

Très logiquement, ces vitupérations ministérielles soulèvent chez les premiers intéressés une vive indignation. La Conférence des présidents d'université (CPU), qui n'est pas exactement un repaire de gauchistes, publie un vif communiqué invitant le ministre « à éviter amalgames et raccourcis inutiles ».

Ses auteurs redisent au passage quelques évidences : « Non, les universités ne sont pas des lieux où se construirait une “idéologie qui mène au pire”. Non, les universités ne sont pas des lieux d’expression ou d’encouragement du fanatisme. Non, les universités ne sauraient être tenues pour complices du terrorisme. »

Frédérique Vidal, ministre de l’Enseignement supérieur, de la Recherche et de l’Innovation, ne semble pas être d’un avis très différent, et contredit même ouvertement son collègue Blanquer en rappelant elle aussi que « l’université n’est pas un lieu d’encouragement ou d’expression du fanatisme ». Quelques mois plus tard, nous le verrons, elle changera radicalement d’avis, et demandera une « enquête sur l’islamo-gauchisme à l’université ».

Mais curieusement, personne, parmi les commentateurs qui ne ratent jamais une occasion de dénoncer des censures imaginaires et de prétendues atteintes à la liberté d’expression, ne s’offusque de ce qu’un ministre d’État, et non des moindres, s’affranchisse de toute retenue pour déconsidérer publiquement des contradicteurs en les présentant comme des complices du terrorisme. Et cette intimidation n'est pas considérée comme représentative d'une « culture de l'annulation » visant à réduire des antagonistes au silence.

Volte-face

Au mois de février 2021, Frédérique Vidal, qui avait donc tenu à rappeler un an plus tôt que l'université française n'était « pas un lieu d'encouragement ou d'expression du fanatisme », fait une spectaculaire volte-face pour proclamer, sur CNews, qu'elle va demander « une enquête au CNRS sur l'islamo-gauchisme » qui, selon elle, « gangrène » l'université, et menace « la liberté académique ».

Cette annonce provoque la « stupeur » de la Conférence des présidents d'université, qui réclame « des clarifications urgentes » à la ministre et lui suggère sèchement de ne pas « raconter n'importe quoi ». Le Centre national de la recherche scientifique (CNRS), où personne n'a été prévenu de l'initiative de Frédérique Vidal, publie quant à lui un communiqué cinglant, qui rappelle que « l'"islamo-gauchisme", slogan politique utilisé dans le débat public, ne correspond à aucune réalité scientifique » et déplore « la polémique actuelle » autour de cette expression, ainsi que « l'exploitation politique qui en est faite, [...] emblématique d'une regrettable instrumentalisation de la science ».

Quelques jours après son annonce, le 4 mars, Frédérique Vidal est invitée sur France Culture, où son hôte, Guillaume Erner, manifestement interloqué, lui aussi, par la légèreté du procédé, lui demande où et de quelle manière exactement la liberté académique serait menacée par l'islamo-gauchisme. La ministre répond : « Elle est menacée à partir du moment où on interdit des colloques ». Et comme son hôte lui demande de se montrer un peu moins vague, et de préciser de quels colloques elle parle, elle cite principalement « l'empêchement de madame Agacinski », dont nous avons dit que dans la réalité, sa conférence à l'université de Bordeaux Montaigne n'avait été définitivement annulée que parce qu'elle-même avait refusé qu'elle soit transformée en un débat au cours duquel des contradicteurs auraient pu s'exprimer.

Plusieurs mois plus tard, en octobre 2021, un journaliste de France Info, constatant qu'il n'a plus jamais été question, pendant un long semestre, de l'enquête que la ministre prétendait demander au CNRS, lui pose cette question à brûle-pourpoint : « Vous avez des nouvelles, Frédérique Vidal, des islamo-gauchistes qui gangrènent les universités françaises ? » Manifestement prise de court, l'intéressée, reconnaissant qu'aucune enquête n'a en réalité été effectuée, balbutie : « Écoutez, ce qui est très important pour moi, c'est de rappeler que la liberté académique et la liberté scientifique sont les deux piliers de la recherche, et les deux piliers de l'université. Et donc, il y a, finalement, beaucoup de débats qui ont eu lieu, j'en suis ravie, parce que ça a permis à des gens qui avaient l'impression qu'ils ne pouvaient plus exprimer leur opinion de pouvoir le faire. »

C'est inexact, aucun débat public n'a eu lieu. Deux ministres ont lancé des accusations gravissimes contre l'université, dont ils ont prétendu sans jamais le documenter qu'elle était « gangrenée » par une idéologie funeste, et cela a soulevé d'indignation les universitaires ainsi cloués au pilori. Mais jamais ces enseignants et chercheurs, même s'ils n'ont pas manqué de réagir publiquement, n'ont eu accès aux tribunes depuis lesquelles ces anathèmes avaient été lancés. Et le soupçon dont leurs travaux ont été sciemment entachés par des propagandistes d'État n'a jamais été levé.

Une fois de plus, l'« islamo-gauchisme » n'a jamais été précisément défini par ceux qui, depuis le sommet de l'État, usent de ce vocable comme d'un épouvantail, pour mieux insinuer, contre toute vérité, que des érudits dévoyés – dont les travaux, en réalité, portent au contraire sur les manières d'en finir avec les discriminations – pratiqueraient la censure et l'excommunication.

Mais plutôt que de s'étonner de ce refus de débattre réellement, ou du fait qu'une ministre a pris quelques libertés avec la vérité en promettant une enquête qui n'a jamais eu lieu, la presse et les médias continuent à se gargariser, à l'unisson de Jean-Michel Blanquer et de Frédérique Vidal, de leurs dénonciations de la « *cancel culture* », et présentent dorénavant cette prétendue nouvelle censure comme un « sous-produit du "wokisme" » – un mot dont l'usage va lui aussi devenir courant.

« *Woke* »

Aux États-Unis, le mot *woke* correspond, comme le souligne la journaliste Rokhaya Diallo dans une chronique publiée par le *Washington Post*, à une « réalité politique » : celle de la nécessité de dénoncer, parmi d'autres, les discriminations visant notamment les Africains-Américains. La persistance de ce racisme a été précisément documentée dans le champ universitaire par les recherches effectuées dans le cadre de la théorie critique de la race (TCR), selon laquelle les discriminations raciales, mais aussi, et par extension, celles liées au genre, sont consubstantielles à la société étasunienne, telle qu'elle est encore structurée aujourd'hui.

Exemple : au printemps 2021, des lycéens de Traverse City, au Michigan – une cité blanche à plus de 90 % –, créent un groupe Snapchat qu'ils baptisent *Slave Trade* – « commerce des esclaves ». Ils y échangent d'infâmes proférations racistes, estimant que « tous les Noirs doivent mourir » et suggérant d'« initier », à cette fin, « un nouvel holocauste ». Ce n'est qu'après qu'ils ont franchi un nouveau pas dans l'infamie pour organiser une vente aux enchères de leurs camarades de classe noirs que leurs agissements sont publiquement dénoncés. Devant l'ampleur du scandale, la direction du lycée adopte précipitamment une résolution annonçant la constitution d'un groupe de travail chargé de rappeler que « les mesures destinées à combattre les discriminations et le racisme passent nécessairement par l'acquisition de nouveaux savoirs, et par plus de progrès social au sein de la communauté noire ». Mais cette initiative provoque une levée de boucliers. Certains parents, qui considèrent que cette résolution « anti-blanche et anti-chrétienne » est entièrement inspirée par la théorie critique de la race, exigent – et obtiennent – qu'elle soit expurgée de ses passages condamnant les discours de haine, l'intolérance, le racisme et la violence raciale. De la même façon, l'affirmation selon laquelle « la haine et le racisme n'ont leur place ni dans les écoles ni dans la société » est elle aussi supprimée. Ou, si l'on préfère, censurée. Et le cas n'a rien d'exceptionnel, puisqu'à l'automne 2021, explique la juriste Patricia J. Williams dans un article publié par le magazine new-yorkais *The Nation*, huit États ont déjà adopté des lois contre l'enseignement de la théorie critique de la race, que la droite trumpiste présente comme un danger mortel, et que l'Alabama se propose même d'interdire complètement – ce qui constituerait, de fait, cela vaut d'être souligné – une censure étatique en bonne et due forme.

Être « *woke* » – éveillé, puisque telle est donc la traduction de ce mot – c'est en somme être conscient de ces discriminations persistantes, et du refus obstiné de les regarder pour ce qu'elles sont. C'est se montrer, plus généralement, attentif et sensible aux injustices liées à la classe, au genre, ou à la race, qui ne sont pas exclusives les unes des autres, et s'additionnent le plus souvent. Pour qui n'éprouve aucun penchant raciste ou sexiste et ne prise guère l'exploitation d'autrui, cette sensibilité relève *a priori* de l'évidence. Mais pour la droite trumpiste, cette délicatesse élémentaire est inacceptable. C'est pourquoi elle s'est lancée dans une croisade délirante contre la théorie critique de la race et soutient désormais que cette mise en évidence des inégalités relève d'une dangereuse propagande antiaméricaine.

En France, en revanche, personne ou presque, au sein de la gauche, n'emploie le mot « *woke* » – si ce n'est désormais pour railler les droites hexagonales qui en ont fait, comme d'une arme idéologique et langagière de dissuasion massive, leur nouvel épouvantail. De ce côté-ci de l'Atlantique, le « wokisme » ne correspond, comme le souligne également Rokhaya Diallo, à aucune réalité identifiable.

Un « système de croyances »

De fait, selon un sondage commandé par *L'Express* au mois de février 2021, 6 % seulement des Français pensent savoir ce qu'est la pensée « *woke* », et ils sont 86 % à n'en avoir strictement jamais entendu parler. Quant aux commentateurs qui, depuis le début des années 2020, dénoncent en boucle le danger de l'idéologie « *woke* » : ils peuvent parfois se trouver à la peine, lorsque vient le moment de documenter leurs cris d'alarme, et de produire des faits probants à l'appui de leurs divagations.

En juillet 2021, la Fondation pour l'innovation politique (Fondapol), un think tank dirigé depuis 2008 par un ancien candidat sarkozyste, publie un rapport en deux volumes précisément consacré à l'idéologie « *woke* », et au danger auquel ce « système de croyances » expose, selon son auteur (qui assimile donc la sensibilité aux discriminations et aux injustices à une foi irrationnelle), « nos sociétés occidentales ».

Problème, cet expert échoue complètement à démontrer que ce qu'il appelle « le wokisme en France » serait autre chose qu'un fantasme réactionnaire. En effet, la quarantaine de lignes qu'il consacre au phénomène « *woke* » dans ce pays se résument, en tout et pour tout, à un commentaire superficiel du sondage commandé en février par *L'Express*, d'où ressort, comme il le remarque avec beaucoup de perspicacité, que « seuls [...] 14 % des personnes interrogées [ont] déjà entendu parler de la notion ». Sa dangerosité semble donc être légèrement moins évidente que ne le suggère la Fondapol. Mais cette réalité ne dissuade nullement la presse et les médias de continuer à s'inquiéter.

En novembre 2021, un nouvel hebdomadaire, *Franc-Tireur*, publie ainsi, dans son tout premier numéro, un article soutenant que « les *wokes* s'attaquent à réinventer la langue, qu'ils considèrent comme nuisible pour les minorités »[1]. Mais là encore, l'auteur, s'il produit quelques exemples, tous étatsuniens, de ce qu'il présente comme des abus, se révèle incapable d'en trouver en France pour illustrer son propos.

Pourtant, l'extrême légèreté, dans le meilleur des cas, de ces allégations n'empêche nullement que certaines accusations soient encore et toujours relayées jusqu'au plus haut sommet de l'État – le temps semble déjà loin où elles étaient circonscrites aux quelques personnages évoqués au début de ce livre.

---

1. « *Do you speak woke?* », par Brice Couturier, *Franc-Tireur*, 17 novembre 2021.

Idéologie

Le 13 octobre 2021, le ministre Jean-Michel Blanquer tient à faire, dans une interview au *Monde*, une annonce importante. Elle ne porte pas sur la pandémie de Covid-19 qui ravage alors la planète, et contre laquelle le gouvernement n'a pas, de l'avis de plusieurs spécialistes, suffisamment sécurisé les écoles. Le ministre souhaite plutôt parler, loin de l'étroite matérialité des contingences sanitaires, du lancement de son « cercle de réflexion » : le Laboratoire de la République. Cette structure a notamment pour objectif d'aider « la France et sa jeunesse à échapper à l'idéologie *woke* », que Jean-Michel Blanquer présente comme une « doctrine qui fragmente et divise, et qui a conquis certains milieux politiques, médiatiques et académiques en proposant un logiciel victimaire au détriment des fondements démocratiques de notre société ».

Le ministre ne produit évidemment – et pour cause – aucun élément susceptible d'étayer cette dernière assertion, à celui-ci près : il soutient avec gravité qu'« aux États-Unis cette idéologie a pu amener, par réaction, Donald Trump au pouvoir, et que la France et sa jeunesse doivent échapper à ça ».

C'est donc, il convient de le souligner, un ministre d'État, et non des moindres, qui, agitant comme un épouvantail un mot qui ne correspond à aucune réalité concrète, le suggère très distinctement : il se pourrait bien que ce soit à cause de la gauche antiraciste et antisexiste qu'un président raciste et sexiste ait été élu en 2016 aux États-Unis. Encore une fois, des victimes de discriminations se voient imputer la pleine et entière charge de leurs propres afflictions, en même temps que leurs tourmenteurs se trouvent dégagés d'une bonne part de leur responsabilité, puisqu'on les a tout de même un peu provoqués.

Dans une tribune publiée par *Le Monde* le 30 décembre 2021, le sociologue Alain

Policar constate que « le mot *woke* est finalement devenu, dans le discours dominant, un instrument d'occultation des discriminations raciales ». Ce vocable, résume-t-il, sert désormais à « désigne[r] péjorativement ceux qui sont engagés dans les luttes antiracistes, féministes, LGBT ou même écologistes ». Ce dénigrement vise lui-même à disqualifier la parole de ces militants qui ont trouvé de nouveaux espaces d'expression, et qui par conséquent peuvent désormais dire leurs afflictions et leurs souffrances. Il a pour fonction d'étouffer leurs voix, et de rendre leurs propos et leurs propositions inaudibles. De les empêcher, en somme, d'exiger d'être enfin entendus et considérés comme des interlocuteurs légitimes et respectables, puisqu'ils savent, eux, lorsqu'il est question de racisme et de discriminations ou de violences liées au genre, de quoi ils parlent pour l'avoir vécu dans leur âme et leur chair.

Pour le dire autrement, la réduction de toute contestation, de toute contradiction, de toute réfutation et de toute réprobation à un « wokisme » considéré comme oppressif ressemble d'assez près à ce que ceux qui la pratiquent présentent ordinairement comme de la censure.

Elle témoigne aussi de ce qu'en l'espace de quelques années, la fustigation de courants de pensée et de mouvements critiques et de leurs porte-parole, précisément ciblés, est venue s'ajouter à la stigmatisation de groupes entiers et indifférenciés – comme « les musulmans ».

Censures

La censure et la « culture de l'annulation » sont bien évidemment une réalité inquiétante dans la France des années 2000. La censure existe sous des formes diverses au sein des rédactions qui ont fait un mantra de l'affirmation selon laquelle « on ne peut plus rien dire », ou des groupes de presse auxquels elles appartiennent. Parfois même, elle y apparaît assez nettement pour ce qu'elle est.

Au tout début du mois de mai 2015, comme le rapporte l'hebdomadaire *Télérama*, Vincent Bolloré, propriétaire de Canal +, téléphone ainsi au directeur de cette chaîne, Rodolphe Belmer, pour exiger – et obtenir – la déprogrammation d'un documentaire sur le Crédit mutuel qui doit être diffusé le 18 mai.

Le milliardaire ne donne aucune explication, mais le site Mediapart révélera ensuite que cette banque est un « partenaire financier important du groupe Bolloré ».

Deux ans plus tard, en octobre 2017, Canal + diffuse un reportage consacré aux manifestations hostiles au régime du président Faure Gnassingbé qui se multiplient à ce moment-là au Togo. Comme le souligne alors le site Arrêt sur images, cette diffusion sème le trouble dans ce pays où Vincent Bolloré doit effectuer une visite d'affaires quelques jours plus tard, et où la presse se demande si le magnat s'est « retourné contre le régime Gnassingbé, son partenaire financier depuis des années ». La réponse ne tarde pas. Le reportage incriminé est retiré des plateformes de Canal +, et deux salariés de la chaîne sont, selon *Télérama*, « virés pour l'avoir laissé passer ». Leur renvoi provoque l'ire de l'organisation non gouvernementale Reporters sans frontières, qui dénonce crûment – mais vainement – un « cas de censure ».

Mais il ne fait l'objet d'aucune dénonciation par les professionnels de la dénonciation de la censure des bien-pensants.

Accommodements

Le 11 janvier 2018, CNews, qui appartient aussi au groupe Bolloré, annonce sur Twitter que l'émission « L'heure des pros », présentée par l'animateur Pascal Praud, aura pour thème, ce matin-là : « On ne peut plus rien dire, on ne peut plus rien faire. » Dans le studio où le présentateur reçoit des « pros » du commentaire, une telle déploration va vite devenir une habitude : régulièrement, les hôtes, majoritairement recrutés à droite, de ce « fin metteur en scène de l'actualité », comme l'appelle *Valeurs actuelles* (dont des collaborateurs sont régulièrement invités par l'« agitateur cathodique » à la « liberté de ton dérangeante »[1]),

1. « L'heure de Praud », *Valeurs actuelles*, 20 mai 2021.

communient dans le constat qu'une chape de plomb bien-pensante couvre désormais la liberté d'expression.

Toutefois, il peut arriver que ces fervents contempteurs d'une censure imaginaire se montrent plus accommodants lorsqu'ils se trouvent confrontés à des bâillonnements bien réels.

Au mois de novembre 2020, Sébastien Thoen, collaborateur de Canal + et humoriste, participe à un sketch parodiant « L'Heure des pros » dans lequel il incarne un faux invité d'extrême droite, directement inspiré par l'un des hôtes réguliers de l'émission. Quelques jours plus tard, Thoen est sèchement licencié, car en se prêtant à cette raillerie il a, explique le directeur des antennes de Canal +, participé aux « dénigrements » du groupe. Aussitôt, 150 collaborateurs de la chaîne signent un communiqué disant leur attachement « à la liberté d'expression, de caricature et de parodie dans le respect des limites fixées par la loi », dans lequel ils revendiquent le droit d'exercer leur métier « sans craindre d'être licenciés, écartés, inquiétés » si ce qu'ils disent ou écrivent déplaît à leur direction. Vaine démarche : un mois plus tard, un autre salarié de Canal +, Stéphane Guy, qui avait publiquement apporté son soutien à Sébastien Thoen, est à son tour évincé. Pascal Praud, qui dans son émission s'inquiète pourtant qu'on ne puisse « plus rien dire » ou « faire », se tient coi. Ce n'est que six mois plus tard, en juin 2021, qu'il réagit en ces termes au licenciement de Sébastien Thoen, après le sketch parodique : « Quand vous êtes dans une entreprise, vous devez une fidélité sans faille à la direction. Il n'y a pas de marge de manœuvre. Si vous n'êtes pas content, vous partez. Point. » Puis de retourner à son émission, durant laquelle il pose régulièrement de graves questions à ses invités – comme celle-ci, par exemple : « La censure migre-t-elle à gauche ? »

Effacements et étouffements

D'autres fois, le musellement de la contradiction est moins immédiatement perceptible pour ce qu'il est, la réduction au silence des voix trop discordantes se fait plus pernicieuse. Là encore, l'émission de Pascal Praud sur CNews est, à l'image de la programmation générale de cette chaîne, révélatrice : les éditocrates réactionnaires, ces « idéologues, présentés systématiquement sous l'étiquette trompeuse d'éditorialistes ou de simples chroniqueurs [...] » qui ont en commun, comme l'a constaté l'association Acrimed[1], « leur affranchissement particulièrement outrancier des règles de

1. « Dans les talk-shows : le poids des éditorialistes de la droite extrême et d'extrême droite », par Patrick Michel et Pauline Perrenot, Acrimed, 20 novembre 2018.

déontologie les plus basiques qui prévalent dans le métier de journaliste, dont ils se réclament pourtant », y sont comme chez eux, et peuvent librement « affirmer n'importe quoi sans aucune vérification » – et sans être contredits. C'est ainsi, relève Acrimed, qu'Ivan Rioufol peut affirmer dans « L'Heure des pros » le 21 avril 2017 que « 50 % des jeunes musulmans des cités se réclam[ent] de l'État islamique » en s'appuyant sur un sondage dans lequel cette statistique ne figure pas. Et lorsqu'en de rares circonstances des contradicteurs sont invités à répondre à ces boniments, leurs opinions sont présentées comme nulles et non avenues. C'est le cas, explique Acrimed, lorsque la journaliste Charlotte d'Ornellas répond à un interlocuteur qui conteste les chiffres qu'elle produit à l'antenne pour mieux fustiger l'immigration : « Super, mais ça change quoi sur le fond du débat ? On se fout des chiffres, sur ce débat. » Édifiant aveu…

Dans ses publications, la presse écrite décline les mêmes procédés d'occultation des voix discordantes. Lorsqu'ils ne sont pas occupés à proclamer que « la nouvelle censure emprunte le visage du progressisme » ou à dénoncer la très imaginaire « tutelle médiatique d'une extrême gauche » présentée – par un nouveau mensonge sur lequel nous reviendrons – comme « fascisante », *Le Figaro* et *Valeurs actuelles* publient, dans leurs pages consacrées aux débats et à l'expression d'opinions dites atypiques, des tribunes dont les auteurs partagent les mêmes points de vue.

La censure est ici, en chacun de ces cas, dans l'effacement des jugements dissonants, dans l'étouffement de fait des voix déviantes. La censure, insidieuse, est dans ce qui est occulté, dans ce qui est passé sous silence, dans ce qui n'est pas dit. Mais bien sûr, jamais ces occultations ne sont données pour ce qu'elles sont par les crieurs qui répètent depuis des années qu'on ne peut « plus rien dire ». Et pour cause, ils sont là juges et parties.

D'où qu'elle vienne, du sommet de l'État ou de leurs parages idéologiques, la censure, lorsqu'elle devient une réalité concrète et mesurable, les laisse en vérité, et dans le meilleur des cas, indifférents et silencieux.

Intimidations

Lorsque Gérald Darmanin, ministre de l'Intérieur, déclare publiquement qu'il porte plainte pour diffamation contre une opposante politique – en l'occurrence Audrey Pulvar, candidate socialiste aux élections européennes – après que cette dernière lui a reproché le 21 mai 2021 d'avoir participé à une manifestation « soutenue par l'extrême droite », il est bien sûr permis de considérer, avec le Parti socialiste, qui la présente explicitement comme une « tentative d'intimidation », qu'une telle annonce, restée sans suite, constitue « une atteinte à la liberté d'expression d'une extrême gravité ».

Et lorsque cinq mois plus tard, en septembre 2021, ce même important représentant du gouvernement, décidément très investi dans des procédés discutables, menace de révéler le contenu d'échanges privés avec une autre opposante – la candidate à la primaire écologiste Sandrine Rousseau – après que celle-ci a fait grief au président de la République d'avoir « balayé d'un revers de main le mouvement de milliers de femmes [...] qui luttaient contre les violences sexistes en nommant à la tête de la police un ministre lui-même accusé de viol », il n'est guère étonnant que l'intéressée tienne l'auteur d'une telle rodomontade pour « une personne capable de mettre l'intimidation au-dessus des lois »[1]. Mais curieusement, personne, au sein des rédactions où l'affirmation qu'« on ne peut plus rien dire » est devenue un mantra, ne réagit à ces pressions. Et lorsque des censeurs obtiennent l'annulation de spectacles qui n'ont pas l'heur de correspondre à leurs inclinations idéologiques, ce même silence prévaut dans les rangs des contempteurs obsessionnels de la « *cancel culture* ».

1. France Info, 9 septembre 2021.

Censeurs

Le mardi 7 décembre 2021, plusieurs dizaines de manifestants catholiques se réunissent devant l'église Notre-Dame-de-Bon-Port de Nantes, où doit se produire le soir même, dans le cadre d'un partenariat déjà ancien entre le diocèse de la ville et un centre culturel nantais et dans le cadre d'une tournée européenne de promotion de son nouvel album, l'organiste et chanteuse gothique suédoise Anna Michaela Ebba Electra von Hausswolff. Pour ces fanatiques, cette artiste, qui dira ensuite avoir été littéralement « terrifiée » par cette violence, est « sataniste », et ils empêchent, en se rassemblant devant l'église, la tenue de son concert.

Comme le rappelle alors *Libération*, ce n'est pas la première fois que de telles scènes se produisent en France. Mais celle-ci s'inscrit cette fois, explique l'éditorialiste du quotidien, dans un contexte politique particulier et « hautement inflammable, susceptible d'encourager ce délire » : celui d'une droitisation générale du débat public, qui résulte notamment des mensonges permanents par lesquels l'éditocratie réactionnaire a subverti la réalité pour mieux confisquer ce débat, en faisant par exemple passer toute contradiction pour une tentative de censure. De fait, la brutalité des manifestants qui ont effectivement empêché le concert d'Anna von Hausswolff se révèle payante, puisqu'un autre concert de la chanteuse qui devait avoir lieu deux jours plus tard à l'église Saint-Eustache, à Paris, est lui aussi annulé, pour éviter des « incidents aux portes » de l'édifice religieux. Il aura finalement lieu dans une autre salle et dans une quasi-clandestinité. Mais là non plus, aucune voix ne s'élève au sein de l'éditocratie pour dénoncer ce qui ressemble pourtant d'assez près à un bâillonnement.

Annulations

La « culture de l'annulation » est, elle aussi, une réalité dans la France d'aujourd'hui. Mais elle n'est pas là où le prétendent les commentateurs qui répètent qu'elle vient de « la gauche ». Des personnalités sont effectivement empêchées dans leur vie professionnelle, parce qu'elles sont publiquement dénoncées comme trop déviantes par rapport à la doxa dominante. Mais ce n'est pas la gauche – il faut y insister – qui demande et obtient qu'elles soient entravées ou sanctionnées pour avoir défendu des opinions présentées comme inconvenantes : ce sont les droites radicalisées, comme le montrent les quelques exemples qui suivent.

Au mois de décembre 2017, le gouvernement français annonce officiellement la composition du collège du Conseil national du numérique (CNN). Cette commission consultative indépendante est « chargée de conduire une réflexion ouverte sur la relation des humains au numérique, prise dans toute sa complexité ». Son collège interdisciplinaire est notamment « composé de 17 membres nommés pour deux ans par le Premier ministre », parmi lesquels se trouve cette année-là la journaliste et militante antiraciste Rokhaya Diallo. Cette dernière annonce provoque l'ire de la droite. Le magazine *Valeurs actuelles* s'étonne ainsi de la nomination de cette « féministe décoloniale » – appellation jugée infâmante par l'hebdomadaire. Trois jours plus tard, Rokhaya Diallo est finalement évincée du CNN, pour la plus grande satisfaction de l'ex-Premier ministre socialiste Manuel Valls, qui n'exerce plus aucun mandat en France, et qui tweete qu'il trouve ce renvoi « normal ».

Au mois d'octobre 2020, l'Institut catholique de Paris (ICP), université privée, met fin au contrat de l'une de ses enseignantes, Alice Coffin, militante féministe lesbienne et élue Europe Écologie-Les Verts (EELV). L'ICP, où elle travaille depuis plusieurs années, connaît parfaitement ses engagements et la présente ainsi sur ses plaquettes, comme le relève *Le Monde* : « Alice Coffin est spécialisée dans le traitement médiatique des questions féministes et LGBT, elle est membre de plusieurs collectifs féministes […] et a cofondé en 2013 l'association des journalistes LGBT. […] Elle publiera en octobre 2020 *Le Génie lesbien* aux éditions Grasset, ouvrage qui décrypte les structures médiatiques et politiques françaises au regard des enjeux minoritaires. »[1] Mais cette collaboration n'est pas du goût de la presse de droite. *Valeurs actuelles* s'étonne, dans un article publié le 29 juillet 2020, et à l'unisson d'une collaboratrice du *Figaro* qui interpelle l'ICP sur Twitter, que « la féministe radicale […] enseigne le journalisme à l'Institut catholique de Paris ». Sanction : l'université met fin au contrat de l'intéressée, au motif que son engagement militant, qui jusque-là n'avait donc posé aucun problème et était même donné comme un atout, est incompatible avec

1. « La militante féministe Alice Coffin écartée de l'Institut catholique de Paris, où elle était professeure », *Le Monde*, 8 octobre 2020.

les valeurs de l'établissement.

Au mois de mai 2021, la militante antiraciste Assa Traoré, dont le frère Adama a trouvé la mort cinq ans plus tôt lors de son interpellation par la police et qui se bat depuis pour que toute la vérité soit faite sur les circonstances de son décès – et plus largement contre les violences policières –, est invitée, comme nombre de personnalités, à participer à un rassemblement organisé chaque année sur le plateau des Glières, haut lieu de la Résistance. Aussitôt, *Le Figaro*, délaissant passagèrement ses virulentes dénonciations de la « *cancel culture* » et de la « censure », publie une tribune dans laquelle plusieurs élus de droite soutiennent que la présence de cette jeune femme aux Glières serait « une insulte à la France résistante », car elle est, assurent-ils, « une activiste prêchant la haine de la France »[1]. *Valeurs actuelles* bisse et publie de son côté, entre une couverture proclamant qu'« on ne peut plus rien dire » et une autre dénonçant « le scandale de la nouvelle censure », une seconde tribune, dans laquelle d'autres élus de droite prétendent très

1. « Assa Traoré au plateau des Glières : une insulte à la France résistance », *Le Figaro*, 17 mai 2021.

sérieusement, sous le prétexte qu'elle réclame inlassablement la vérité sur le décès de son frère et dénonce plus largement les violences policières, qu'Assa Traoré « incarne par ses prises de position l'antithèse des valeurs universalistes de la résistance à l'occupant nazi ». La participation de la jeune femme est donc annulée, pour des raisons de sécurité.

Un mois plus tard, en juin 2021, les joueurs de l'équipe de France de football – celle-là même dont tant de défenseurs du droit de tout dire ont dit et répété au fil des ans qu'elle comptait trop de joueurs noirs – annoncent qu'ils vont mettre un genou à terre avant leur premier match de l'Euro 2021 pour exprimer collectivement, comme l'ont déjà fait plusieurs autres équipes nationales participant à cette compétition, leur opposition au racisme qui se manifeste couramment dans les stades, et aux discriminations. Mauvaise pioche : plusieurs politiciens de droite et d'extrême droite dénoncent, comme Thierry Mariani (Rassemblement national), une atteinte à la « neutralité du sport » ou, comme Éric Ciotti (Les Républicains), un manque de « soutien à notre police ». Résultat, les Bleus, dont l'unique tort est donc, répétons-le, d'avoir voulu protester contre le racisme, renoncent finalement à leur projet.

Mais la presse et les médias réactionnaires, rejoints par quelques ministres, continuent imperturbablement à construire un univers parallèle dans lequel c'est « l'idéologie *woke* » qui « menace les libertés ».

Verrouillage

Aux jours où ces lignes sont écrites, à la fin de l'année 2021, les idéologues qui se plaignent depuis des années d'être censurés disposent encore et toujours d'un accès illimité à la presse et aux médias dominants, où leurs boniments réactionnaires sont devenus la nouvelle doxa. Ils cadenassent donc encore et toujours, dans tous les endroits où ils sont en capacité de procéder à ce verrouillage, un débat public où les voix discordantes restent très minoritaires – contrairement à ce que prétendent ces imposteurs professionnels lorsqu'ils fustigent par exemple, dans le sillage du candidat Éric Zemmour, une très imaginaire emprise de la gauche sur l'audiovisuel public.

On l'aura compris : le décalage entre, d'une part, cette réalité factuelle qui est que désormais, les collaborateurs les plus droitiers de la presse écrite squattent massivement la quasi-totalité des studios de radio et de télévision de France et de Navarre, et, d'autre part, la véhémence dont ces privilégiés font preuve lorsqu'ils psalmodient, contre toute évidence, qu'ils ne peuvent « plus rien dire », révèle que c'est la préservation de la vérité qui se trouve directement menacée par leurs mensonges. Par ce remplacement systématique de la flagrance des faits par une réalité alternative, fantasmatique, où les mots sont méthodiquement vidés de leur signification et se voient attribuer un sens nouveau, qui leur fait dire le contraire de ce qu'ils ont toujours dit.

Insistons-y. Le seul fait que des commentateurs disposant d'une telle puissance puissent impunément consacrer, sans que jamais leurs auditoires n'en tirent l'évidente conclusion qu'ils mentent, de si conséquentes portions de leur temps de parole médiatique, quasiment illimité, au rabâchage de l'antienne selon laquelle il leur serait interdit de parler, dit que la vérité, lorsqu'ils en disposent à leur gré, est déjà très sérieusement menacée.

Leur fustigation d'une prétendue « censure » n'est en effet qu'un élément – certes important – d'une beaucoup plus vaste entreprise de remplacement d'une réalité par une autre. Dans ce que Lucie Delaporte, journaliste à Mediapart, appelle un « patient travail de subversion sémantique », citant la sémiologue Cécile Alduy, selon qui « nous assistons depuis quelques années à une entreprise d'inversion sémantique à but politique »[1]. Le procédé est des plus grossiers : « Il s'agit de détacher les mots des objets ou groupes qu'ils désignent normalement pour les retourner contre ceux-là même dont c'est le combat politique de militer contre certaines formes de discrimination ou de violences en les accusant de faire ce qu'ils condamnent. » Mais il est redoutablement efficace.

C'est ainsi qu'au fil des ans et en l'espace de deux petites décennies, l'éditocratie réactionnaire, en même temps qu'elle se plaignait en permanence d'être censurée par la bien-pensance, a banalisé l'énoncé décomplexé

1. « Des "antifas" traités de fascistes : les perversions sémantiques de l'extrême droite se banalisent », par Lucie Delaporte, *Mediapart*, 10 décembre 2021.

de contrevérités dans tous les espaces médiatiques qu'elle a progressivement colonisés.

C'est ainsi qu'elle a présenté les prédations d'un écrivain pédophile comme d'aimables – et admirables – marivaudages. Qu'elle a, pendant plusieurs décennies et en même temps qu'elle se divertissait avec lui, et à l'unisson de Jean d'Ormesson, du « nombre d'enfants pendus à ses basques », présenté ce prédateur comme un admirable « libertin métaphysique », doublé d'un héros de la résistance au « sexuellement correct ». C'est ainsi aussi qu'elle a, dans un second temps, lorsque ces complaisances n'ont plus été tenables, même par les inlassables louangeurs de « Gaby le magnifique », disqualifié la parole de ses proies, puis plus généralement, celle de toutes les victimes de violences sexuelles, pour mieux victimiser par un complet retournement des charges les auteurs de ces exactions.

Et c'est encore ainsi qu'elle a inlassablement œuvré, sous le sceau toujours de la défense de la liberté d'expression, à la normalisation des pires énoncés racistes, en postulant notamment qu'il était normal de dire ses acrimonies raciales ou religieuses, et que c'était la dénonciation de ces phobies qui devait être condamnée. Et cette boucle-là est bouclée, puisque, comme l'observe également Cécile Alduy, citée par Lucie Delaporte, cette même éditocratie accuse désormais « les militants antiracistes d'être "racialistes" » et suggère donc « *in fine*, qu'ils sont "racistes" ». Selon ce « syllogisme consternant », explique la sémiologue, « les antiracistes parlent de racisme, donc utilisent la notion de race, donc sont racialistes, sous-entendu racistes. Une entourloupe purement lexicale et rhétorique ».

D'autres fois, le boniment se fait plus direct encore, quand un collaborateur du *Figaro* – où Éric Zemmour, deux fois condamné pour provocation à la haine raciale ou religieuse, dispose toujours, à ce moment-là, d'une chronique hebdomadaire – décrète en avril 2021 que « les antiracistes sont les nouveaux racistes ».

De la même façon, et sur le modèle, encore une fois, de ce qui a d'abord été inauguré aux États-Unis – où le règne de Donald J. Trump a été marqué par une criminalisation délirante des militants antifascistes présentés comme des « terroristes » –, cette clique radicalisée, qui assume désormais son nationalisme, soutient aussi que les antifascistes « sont les vrais fascistes ». Ivan Rioufol, collaborateur du *Figaro*, contempteur fanatique du « gauchisme » et promoteur assumé de la fantasmagorie du « grand remplacement », le résume dans un tweet qui doit, pour incroyable qu'il paraisse, être lu au premier degré : « Les "antiracistes" sont les nouveaux racistes, les "antifascistes" sont les nouveaux fascistes, la "fachosphère" désigne la parole libérée. »

Ces procédés rappellent évidemment les pratiques langagières des régimes totalitaires telles que les a décrites George Orwell dans *1984*. Comment ne pas penser en effet, lorsque des clercs de médias en sont à formuler distinctement que l'antiracisme, c'est le racisme ou que l'antifascisme, c'est le fascisme, à l'univers de cauchemar inventé par l'écrivain britannique, où la novlangue postule que « la guerre, c'est la paix » et que « la liberté, c'est l'esclavage » ? Ces renversements sémantiques sont lourds de conséquences concrètes et immédiates, car, comme l'explique Cécile Alduy, citée par Lucie Delaporte, « si les antifascistes sont "fascistes", plus personne ne l'est, le mot n'a plus aucun sens ». Ce qui induit que les fascistes ne le sont plus. Les agissements et les discours de l'extrême droite deviennent alors, par ricochet, beaucoup plus acceptables que lorsqu'ils sont restitués dans leur généalogie propre et donnés pour ce qu'ils sont.

Une brèche est ainsi ouverte, dans laquelle des prêcheurs de haine peuvent s'engouffrer, et ponctuer leurs anathèmes contre l'autre – « gauchiste », femme, Juif, migrant, musulman – de contrevérités historiques, pour soutenir par exemple – nous y reviendrons – que l'innocence du capitaine Dreyfus n'aurait pas été complètement établie ou que le maréchal Pétain aurait sauvé des Juifs…

Le candidat

La candidature d'Éric Zemmour à l'élection présidentielle de 2022 est un moment de cristallisation intéressant. Car ce journaliste a pris une part active dans la longue entreprise de subversion de la réalité qui a permis à des discoureurs omniprésents de se présenter comme des victimes de la censure alors qu'ils s'employaient à étouffer toute voix divergente, à disqualifier quiconque allait contre leur doxa devenue dominante, et à installer dans le discours public une longue série de contre-vérités comme autant d'évidences, désormais couramment admises.

Mais par un mouvement symétrique, c'est précisément cette longue subversion, dont il a donc été l'un des principaux bénéficiaires en même temps qu'un agent actif, qui a permis à Zemmour de se porter candidat à la magistrature suprême. Et qui lui permet encore, aux jours où ces lignes sont écrites, de recycler dans sa campagne les mêmes contrevérités, désormais banalisées, qui lui ont ouvert naguère un accès illimité à la presse et aux médias dominants. À commencer, bien sûr, par celle, répétée *ad nauseam* par ses supporters et par des commentateurs complaisants, selon laquelle il serait victime d'une censure.

Apprenant le 8 septembre 2021, au sortir du procès où il était jugé en appel pour provocation à la haine contre les migrants et les musulmans, que le CSA demande le décompte de son temps de parole, Zemmour publie ainsi un communiqué rageur, dont le titre résume le contenu : « Censure : le CSA prend désormais le relais de la justice. » Il écrit : « Relaxé à 16 heures par la justice pour un énième procès politique, j'ai la joie d'apprendre à 19 heures qu'on essaie de me faire taire par un autre moyen. [...] Je dois avouer qu'après les menaces du gouvernement à mots à peine couverts depuis des semaines, cette décision ne m'étonne guère. Pourtant, cette intimidation porte atteinte à l'exercice de mon métier et, pire, au principe de pluralisme des idées et de l'expression que le CSA est justement censé assurer sur les antennes de radios[1] et les chaînes de télévision. » Problème, rien n'est exact dans ce communiqué qui mérite donc d'être attentivement relu.

Son auteur, décidément attaché à la posture qui lui permet depuis des années de se présenter comme un dissident victime d'une persécution de type soviétique, soutient d'abord que sa comparution devant la cour d'appel de Paris était « un énième procès politique ».

Ce n'est pas le cas. Poursuivi par plusieurs associations antiracistes, il avait effectivement été une nouvelle fois condamné, en première instance, en septembre 2020, à 10 000 euros d'amende pour avoir tenu en 2019, dans le cadre d'un meeting d'extrême droite, des propos constituant, selon le tribunal correctionnel de Paris, « une exhortation, tantôt implicite tantôt explicite, à la discrimination et à la haine à l'égard de la communauté musulmane et à sa religion ». Mais il a ensuite – et très normalement – pu faire appel du

1. *Sic.*

jugement et il a gagné ce second procès, où ses juges, loin de le poursuivre comme il le prétend faussement d'une vindicte « politique », l'ont tout au contraire gratifié d'une relaxe, au motif qu'« aucun des propos poursuivis ne vise l'ensemble des Africains, des immigrés ou des musulmans mais uniquement des fractions de ces groupes », circonstance que ces magistrats considèrent donc comme atténuante.

Dans son communiqué, tout à sa lamentation victimaire, Éric Zemmour évoque ensuite « les menaces » qui auraient été proférées contre lui par le « gouvernement », pendant « des semaines » et « à mots à peine couverts ». Mais il ne produit évidemment aucun exemple précis à l'appui de cette grave accusation, et pour cause. Car dans la vraie vie, le gouvernement, loin de le menacer, a plutôt fait preuve dans ses relations avec ce commentateur installé de complaisance et d'empressement, puisque pas moins de sept ministres et secrétaires d'État ont répondu favorablement à ses invitations, lorsqu'il les a conviés dans l'émission qu'il animait tous les soirs sur CNews.

Jusqu'à ce fatidique 8 septembre 2021 où le Conseil supérieur de l'audiovisuel (CSA), prenant acte de ce que les affidés de ce curieux dissident ont bel et bien lancé sa campagne depuis plusieurs mois, se décide enfin à le considérer comme un politicien structuré par une idéologie et porteur d'un programme, et demande finalement aux chaînes qui l'emploient de décompter son temps de parole. Ce jour-là, répétons-le, Zemmour n'est pas le moins du monde censuré par le CSA, mais il se trouve très normalement soumis, par l'effet de la démocratie, aux règles qui régissent le pluralisme politique dans les médias audiovisuels, et qui ne sont évidemment pas suspendues entre deux élections.

Loin de lui nuire, l'application de cette règle démocratique, qui ne constitue donc pas une quelconque « intimidation », lui vaut du reste un nouveau regain d'attention, car la presse et les médias se ruent vers le nouveau candidat[1].

---

1. Le simple fait qu'il puisse concourir à l'élection présidentielle témoigne que, loin d'être persécuté, Éric Zemmour bénéficie au contraire d'une certaine bienveillance, car il a déjà été condamné deux fois pour provocation à la haine raciale ou religieuse lorsqu'il se lance dans cette campagne. Mais jamais les juges qui ont prononcé ces condamnations ne les ont assorties, comme le permet pourtant la loi, d'une peine d'inéligibilité qui aurait évidemment été fatale à sa candidature.

Entre le 1er septembre et la mi-octobre 2021, il est cité dans plus de 14 000 articles, et ne reste jamais plus de quelques jours, après son entrée en campagne, sans être invité à la radio ou à la télévision.

Contre les « contre-pouvoirs »

Dans un premier temps, le nouveau candidat, fort de ce nouveau regain de ferveur médiatique, profite des tribunes qui lui sont ainsi offertes pour redire en boucle ses hantises xénophobes, et sa conviction, autorisée selon ses admirateurs par son appétence pour l'Histoire, que le maréchal Pétain – qui s'est, dans la réalité, et comme l'ont de longue date établi les historiens, impliqué dans leur persécution – aurait « sauvé les Juifs français ». Zemmour ajoute quelques nouveautés à ce corpus, en suggérant notamment, et sous le couvert toujours de son refus de se plier aux diktats de la bien-pensance, que l'innocence du capitaine Dreyfus n'aurait pas été pleinement démontrée.

De telles inexactitudes ne doivent évidemment pas surprendre, et le fait qu'elles soient regardées comme des vérités par les sectateurs de ce démagogue d'extrême droite ne doit pas non plus étonner, car cet effacement des repères est le résultat concret du lent travail de sape auquel se sont livrés, pendant de longues années, les bonimenteurs professionnels qui ont systématiquement subverti le réel, et l'ont remplacé par une réalité alternative où le vrai n'a plus cours, et dans laquelle les bourreaux sont des victimes, et les victimes des tyrans perclus de « wokisme ». Sans surprise, ces falsificateurs se rangent peu ou prou derrière Zemmour, et continuent de lui trouver, même s'ils déplorent parfois qu'il se laisse aller à quelques excès dans ses plaidoiries pour le maréchal Pétain, beaucoup de clairvoyance.

Enhardi peut-être par le constat qu'il peut décidément tout dire, le candidat annonce nettement ses intentions. S'il est élu, il abrogera, promet-il, les lois qui selon lui « restreignent la liberté d'expression en France », et « en particulier » celle qui punit la provocation à la haine en raison de l'origine ou de l'appartenance ou de la non-appartenance à une ethnie, une nation, une race ou une religion. Il semble donc réclamer un droit, qu'il présente bien sûr comme une liberté, de tenir dans l'espace public des propos racistes, puisque ce sont ces vilenies, et celles-là seulement, qui sont aujourd'hui réprimées par la loi qu'il veut supprimer ! Il veut aussi « abolir les lois mémorielles » qui interdisent le négationnisme.

Tandis qu'il prétend reconquérir ce qui ressemble d'assez près à un droit de proférer librement des propos négationnistes et racistes, le candidat d'extrême droite promet également de limiter certaines paroles, lorsqu'il assène par exemple, dans le cours d'un meeting[1] : « Aujourd'hui, nous avons des contre-pouvoirs qui sont devenus le pouvoir, c'est-à-dire la justice, les médias, les minorités. Nous devons enlever le pouvoir à ces contre-pouvoirs. »

De telles promesses sont intéressantes. Elles disent parfaitement que les détenteurs exclusifs du pouvoir médiatique ne se sont jamais consolés d'avoir été privés de cette exclusivité, que l'expression dans l'espace public de voix

1. « Élection présidentielle : à Béziers, Éric Zemmour propose d'"enlever le pouvoir" aux "contre-pouvoirs" », par Ivane Trippenbach, *Le Monde*, 17 octobre 2021.

dissonantes dont ils ne supportent donc pas qu'elles puissent se faire entendre les plonge dans un abîme de fureur. Et qu'ils attendent impatiemment le jour où enfin ils pourront les contenir, ou les réduire au silence.

De la censure

Pour le mot « censure », les dictionnaires proposent plusieurs définitions.

Il s'agit, selon le *Larousse*, de « l'examen préalable fait par l'autorité compétente sur les publications, émissions et spectacles destinés au public et qui aboutit à autoriser ou interdire leur diffusion totale ou partielle ».

C'est bien sûr cette signification qui est le plus couramment retenue, parce qu'elle évoque la possibilité d'une interdiction, prononcée donc par une « autorité » apparaissant comme « compétente », que l'on imagine être principalement gouvernementale, mais qui peut tout aussi bien émaner d'une direction patronale si des dirigeants de groupes de presse empêchent ou limitent la diffusion de certaines informations ou de certains points de vue. C'est à cette censure-là, effectivement coercitive et détestable, que l'on pense immédiatement, par réflexe, lorsque ce mot vient dans une conversation.

Mais la censure est aussi, comme le précise le *Robert*, la « condamnation d'une opinion » jugée inconvenante, et cette précision est de quelque importance. Pour elle-même, d'abord, parce qu'il est toujours utile, dans une époque où ils sont méthodiquement vidés de leur signification par des propagandistes, de revenir au sens des mots.

Mais aussi et surtout parce qu'elle dit bien sur quelle ambiguïté sémantique jouent les idéologues qui dénoncent obsessionnellement un prétendu « retour de la censure ». Pour mieux empêcher la réfutation de leurs opinions, ils suggèrent que cette contradiction serait une interdiction, demandée par une autorité toute-puissante. Ce n'est bien sûr pas le cas, et cette suggestion est d'autant plus extravagante que, dans la réalité, les autorités étatiques ou patronales qui auraient le pouvoir de les censurer partagent au contraire nombre de leurs avis et croyances et que, lorsqu'il arrive que ces instances pratiquent effectivement la censure – en interdisant par exemple la diffusion d'un reportage ou en congédiant un humoriste jugé trop indocile –, elles y sont encouragées par les silences complices de ceux-là mêmes qui, par ailleurs, soutiennent mensongèrement qu'« on ne peut plus rien dire ».

Mais ces mêmes idéologues se gardent bien, et pour cause, de préciser dans les innombrables articles et dossiers, et autres « débats » entre interlocuteurs partageant très majoritairement les mêmes fantasmes, qu'ils consacrent à une censure imaginaire, que ce mot important désigne aussi le fait de critiquer des comportements ou des propos jugés inconvenants.

S'ils rappelaient cette définition, ce terme ainsi rendu à sa polysémie perdrait beaucoup de la charge négative dont ils l'alourdissent lorsqu'ils en usent pour disqualifier leurs contradicteurs. S'ils rappelaient cette définition, la censure dont ils se plaignent apparaîtrait dans un premier temps pour ce qu'elle est réellement : une réfutation de leurs affirmations, et autres sommations. Cette prétendue censure est en vérité un double rappel, au scrupule, d'abord, de ne blesser personne par des anathémisations injustifiables sans lequel aucune vie en société ne peut être sérieusement envisagée, et au respect, d'autre part, de la vérité des faits.

En France, cette sollicitude envers autrui est, de fait, encadrée, comme l'est aussi l'acquiescement à quelques réalités factuelles. C'est l'objet, d'une part, des lois qui répriment les provocations « à la discrimination, à la haine ou à la violence à l'égard d'une personne ou d'un groupe de personnes en raison de leur origine ou de leur appartenance ou de leur non-appartenance à une ethnie, une nation, une race ou une religion déterminée [1]» ou « de leur sexe, de leur orientation sexuelle ou identité de genre ou de leur handicap », et, d'autre part, des lois, dites mémorielles, qui punissent « la négation, la minoration ou la banalisation outrancière de l'existence »[2] des génocides et des crimes contre l'humanité.

Par une très signifiante coïncidence, ces textes législatifs se trouvent être ceux qui sont présentés comme liberticides par les bonimenteurs qui, à l'image d'Éric Zemmour, se plaignent en permanence d'être victimes de censures qui

1. Code pénal, article R625-7.
2. Loi du 13 juillet 1990, dite loi Gayssot.

n'existent que dans leur imagination. Cela dit évidemment qu'ils ont parfaitement conscience que leurs propos tombent – ou sont susceptibles de tomber – sous le coup de la loi. Mais cela révèle aussi que lorsqu'ils prétendent œuvrer pour la protection de la liberté d'expression, ils réclament en réalité un droit de stigmatiser autrui, et d'infliger à certains de leurs contemporains toujours plus d'affliction, de chagrin, de souffrance. Cela montre, en somme, leur sinistre vision du monde.

On ne peut pas tout dire

L'affirmation selon laquelle « on ne peut plus rien dire » en France, répétée en boucle par des commentateurs solidement installés dans cette rente victimaire et qui disposent d'un accès illimité à des tribunes médiatiques, est fausse et mensongère. Il est vrai en revanche, et ce n'est pas du tout la même chose, qu'on ne peut pas tout dire, puisque des lois – dont un Éric Zemmour prône l'abolition – excluent les proférations racistes et sexistes et les propos négationnistes du champ de ce qui est dicible.

Cette limitation est heureuse, car, outre qu'elle est conforme à l'esprit et à la lettre de la Déclaration des droits de l'homme et du citoyen de 1789 – dont l'article 4 dispose que « la liberté consiste à pouvoir faire tout ce qui ne nuit pas à autrui », et que « ces bornes ne peuvent être déterminées que par la Loi » –, les provocations à la discrimination, à la haine et à la violence n'ont d'autre effet que de provoquer, sans surprise, toujours plus de discriminations, de haine et de violence. C'est ce que constate notamment la Commission nationale consultative des droits de l'homme (CNCDH), autorité administrative indépendante, chargée de veiller au respect et à la mise en œuvre des droits humains et de combattre les atteintes aux libertés publiques et aux droits fondamentaux, qui rappelle ainsi régulièrement, dans ses rapports annuels, que la libération d'un « discours raciste » dans l'espace public se traduit par une « augmentation des actes et menaces » visant des minorités.

Répétons-le, pour finir : contrairement à ce que prétendent les boutefeux qui réclament un droit de dire leurs haines publiquement, la réprobation des anathèmes liés à la race ou au genre et des mensonges négationnistes n'est en aucun cas une censure. Ceux qui la présentent comme une « tyrannie » de la bien-pensance sont des menteurs, en même temps que des suppôts de la véritable censure, sans guillemets, qui s'exerce par mille procédés contre quiconque s'oppose à leurs appels à la guerre de tous contre tous. Cette réprobation est en réalité le rappel nécessaire que certains discours discriminatoires ne peuvent pas être tenus impunément dans l'espace public, et doivent donc effectivement pouvoir faire l'objet de réfutations. Il y a là une exigence démocratique dont la légitimité ne devrait plus être questionnée.

Car la liberté d'expression est aussi et d'abord celle de ne pas adhérer à des postulats infâmants ou à des conventions malsaines. Et celle, non moins évidemment, de rappeler que l'intolérance n'est pas tolérable, et qu'on ne peut par conséquent pas tout dire. Car aucune société réellement rétive aux pires censures ne peut laisser prospérer sans péril les appels à la discrimination, à la haine ou à la violence, et la normalisation du mensonge.

Composition
PRESS·PROD

Imprimé en France par
CPI Brodard & Taupin
en février 2022

Dépôt légal : février 2022
N° d'impression : 3046580
ISBN : 978-2-7499-4865-2
LAF : 3181